Inhalt

W0065631

Vorwort

Wochenplan- und Freiarbeit sind Stichworte einer lebhaften, vielschichtigen, ermutigenden und auch kontroversen Diskussion über eine Schule, die Lernenden und Lehrenden gerecht wird; Stichworte zudem, die etwas miteinander zu tun haben, die aber auch deutlich voneinander unterschieden werden sollten.

Von Freiarbeit wird üblicherweise dann gesprochen, wenn die Kinder oder die Jugendlichen frei über die Inhalte und die Art ihrer Aktivitäten, über ihr Lerntempo und die von ihnen gewünschte Sozialform, über Materialien und Arbeitsplätze in der dafür ausgewiesenen Zeit entscheiden können. Freiarbeit ist nicht lehrergesteuert. Ihre Grenzen liegen in einem von Lernenden und Lehrenden vereinbarten organisatorischen Rahmen und in der Rücksichtnahme auf die Mitschülerinnen und Mitschüler.

Freiarbeit, das wird in den Aufsätzen dieses Bandes sichtbar, ist ein Prozeß. Es ist nicht einfach für Schülerinnen und Schüler, ihre eigenen Interessen und Lernstrategien zu finden, und es ist nicht einfach für Lehrerinnen und Lehrer, eine neue und andere Professionalität zu entwickeln.

Sich im selbstgesteuerten Lernen zu üben braucht Zeit; für die Schülerinnen und Schüler darin weiterführende Lernangebote und zunehmende Freiheitsgrade vorzusehen, gehört zu den anspruchsvollsten Aufgaben von Lehrerinnen und Lehrern. Der Weg zur Freiarbeit kann lang sein, die einzelnen Schritte sind nicht immer zu erkennen, Rückschritte sind nicht auszuschließen, aber die zunehmende Selbständigkeit der Schülerinnen und Schüler beim Lernen — auch außerhalb der Freiarbeit — und das damit verbundene Selbstbewußtsein lassen die meisten Lehrerinnen und Lehrer weitergehen.

Auch die Wochenplanarbeit soll den Kindern und Jugendlichen ein zunehmend selbsttätiges und selbständiges Lernen ermöglichen. Wochen- und auch Tagespläne stellen eine flexible Form der Unterrichtsorganisation dar. Sie enthalten zumeist verbindliche, lehrplanbezogene, von der Lehrkraft vorgegebene, wenn auch differenzierend eingesetzte Aufgaben und Zeitvorgaben.

Eine zunehmende Beteiligung der Schülerinnen und Schüler an der Lernplanung gehört zu den Zielvorstellungen der Wochenplanarbeit ebenso wie ein vorsorglich vorbereitetes Angebot von frei auswählbaren Aufgaben und Aktivitäten für diejenigen, die ihre Pflichtaufgaben bzw. Wahlpflichtaufgaben erfüllt haben.

Freiarbeit kann sich für die Schülerinnen und Schüler aus der Wochenplanarbeit ergeben, sollte ihnen aber auch unmittelbar zugänglich sein, um nicht die gelassene und grundlegende Beschäftigung mit den Wochenplanaufgaben zu beeinträchtigen.

Mit zunehmender Selbständigkeit und Selbsteinschätzung der Kinder und Jugendlichen beim Lernen verändern sich üblicherweise auch die im Wochenplan ausgewiesenen Aufgaben: sie werden komplexer, und der Anteil der Wahlpflichtaufgaben und Angebote übersteigt den der Pflichtaufgaben. Die Arbeit der Lehrerinnen und

Lehrer besteht dann zunehmend im Vorbereiten und Organisieren von Lernangeboten und -materialien, im Beraten und Begleiten der Lernenden nach deren individuellen Erfordernissen.

Es ist das Anliegen dieses Bandes, Lehrerinnen und Lehrer durch Erfahrungen und Anregungen aus dem und für den Schulalltag zu ihrem eigenen Weg zur Wochenplan- und Freiarbeit zu ermutigen.

Dietlinde H. Heckt

Irmhild Kleinert

Mein Weg zur Freiarbeit

Durch regelmäßige Gruppengespräche mit meinen Schülern auf der Grundlage des Menschenbildes der Individualpsychologie bin ich vor vielen Jahren zur Arbeit mit einem Wochenplan gekommen. Die Beschäftigung mit der Individualpsychologie hat bewirkt, daß ich meine Schüler mit anderen Augen sehen lernte.

Erziehungskonzepte, die mich selbst noch geprägt haben, sind von der Vorstellung ausgegangen, daß das Kind ein „unvollkommener" Erwachsener ist, der durch autoritär bestimmte Erziehung zur Mündigkeit geführt werden sollte. Kindheit wurde als Durchgangsstadium zum Erwachsenwerden gesehen und nicht als Teil des menschlichen Lebens mit einem Wert in sich selbst.

In der Individualpsychologie wird das Kind als gleichwertige Person gesehen. Gleichwertigkeit bedeutet nicht Gleichartigkeit. Selbstverständlich habe ich als Erwachsener im Gegensatz zum Kind einen großen Vorsprung an Erfahrungen und Wissen, der mich befähigt, dem Kind auf seinem Weg zum Erwachsenwerden verantwortungsvoll zu helfen, aber ich trage die Verantwortung nicht allein. Das Kind ist mitbeteiligt.

Die Individualpsychologie sieht das Kind als soziales Wesen, das von der Gruppe, in der es lebt, auch als gleichwertiges und wertvolles Mitglied anerkannt werden möchte. Dieser Wunsch bestimmt sein Handeln, um so mehr, je weniger es volle Anerkennung zu erfahren meint. Nur wenn es sich voll geschätzt weiß, kann es sich sachlichen Interessen unter Absehen von seiner Person zuwenden und so viel Selbstvertrauen haben, daß es den ihm möglichen Beitrag zu den sachlichen Gegebenheiten zu leisten vermag. Dazuzugehören ist das unbewußte Ziel, das allem sozialen Verhalten zugrunde liegt.

Die Akzeptanz dieser Annahme impliziert, daß ich nicht nach dem Grund für irgendein Verhalten suche, sondern nach dem Ziel desselben frage. Jemand, der – wenn auch unbewußt – ein Ziel verfolgt, entscheidet selbst, trifft selbst Entscheidungen und wird so zum Partner. Ich als Lehrerin bin nicht mehr allein verantwortlich für das, was das Kind tut.

Ein Ziel läßt sich ändern, wenn ich dem Kind dabei helfe, es als nicht zweckmäßig zu erkennen. In dieser Hilfe kommt meine Verantwortung zum Tragen. Verantwortung wird nicht in Form von Vorschriften (Macht) ausgeübt, sondern durch Eingehen auf rationaler und emotionaler Ebene und auf der Basis von Vertrauen und Achtung voreinander. Ich, die Lehrerin, teile meine Verantwortung mit dem Kind, indem ich das einzelne Kind und die Klasse als Gruppe an Entscheidungen beteilige und es (sie) als gleichwertige (nicht gleichartige) Partner akzeptiere.

Dazuzugehören heißt ganz praktisch, daß das Kind von der Gruppe, in der es lebt, als wertvolles Mitglied anerkannt wird (Gemeinschaftsgefühl). Erst so ist es in der Lage, seinen Fähigkeiten entsprechend zu lernen und zu handeln. Ist das Gemeinschaftsgefühl beeinträchtigt, beginnt das Kind an sich selbst zu zweifeln. Minderwertigkeitsgefühle entstehen, es kommt zu einer falschen Selbsteinschätzung, und das Kind versucht, durch nicht angemessene Mittel (Störverhalten) Bedeutung zu erlangen, um seinen Platz in der Gemeinschaft zu festigen.

Im allgemeinen will ein Kind gut sein, um geschätzt zu werden. Es wird nur, wenn es keine Chance sieht, durch angemessenes Verhalten erfolgreich zu sein, mit anderen Methoden arbeiten. Ein „unartiges" Kind ist immer ein entmutigtes Kind, und wir Lehrer tun häufig nicht gerade wenig dazu, diese Kinder einer Reihe weiterer entmutigender Erlebnisse auszusetzen. „Wie oft habe ich dir das schon gesagt!" „Auf dich kann ich mich nicht verlassen!" „Sieh mal, wie sauber deine Nachbarin geschrieben hat!" Würde man so mit Erwachsenen reden?

Das Prinzip der Gleichwertigkeit und der Achtung voreinander (Grundgesetz, Bildungsauftrag) auch auf Kinder anzuwenden und auf bevormundende Erziehungsmaßnahmen zu verzichten, ist die Kunst der Ermutigung. Das bedeutet Verzicht auf Lob und Strafe. Lob und Ermutigung sind nicht synonym. Lob macht „gute" Schüler noch besser, und die „schlechten" Schüler, die Anerkennung nötiger haben, werden noch „schlechter" (und schwieriger).

Indem ich lobe, stelle ich mich über die Kinder. Lob bezieht sich auf die Person, Anerkennung dagegen auf die Sache. Anerkennung ermutigt, und Ermutigung braucht jeder, wie eine Pflanze Wasser zum Leben braucht. Zweck der Ermutigung ist es, einem Menschen dazu zu verhelfen, eine bessere Selbsteinschätzung zu erlangen, sich selbst mehr zu respektieren und zu

akzeptieren und tolerant auch gegen eigene Schwächen und Fehler zu sein, denn einen fehlerlosen Menschen gibt es nicht.

Lob und Strafe hingegen passen nicht in einen Unterricht, der auf Selbstbestimmung der Kinder aus ist. Lob und Strafe stammen aus der Zeit, in der autokratische Methoden zu einem angepaßten Staatsbürger erziehen sollten. Lob und Strafe erzeugen Angst. Angst, eine gute Position – durch Lob gestärkt – zu verlieren, oder Angst vor der nächsten Strafe. Ein Kind, das Angst hat, kann seine kreativen Möglichkeiten nicht entfalten.

Auch das Prinzip der Gleichwertigkeit aller Kinder einer Klasse verbietet Lob und Strafe. Gleichwertigkeit bedeutet, daß jedes Kind (auch das schwierige) Achtung erfährt. Achtung vor jedem Kind einer Klasse wiederum ist das Fundament einer guten Atmosphäre, eines Klassenklimas, in dem die Kinder sich angenommen fühlen, Fehler machen dürfen und keine Konkurrenten sind.

Ein wichtiges Element pädagogischen Handelns in einer solchen demokratischen Klasse ist der sog. Klassenrat. Klassenrat bedeutet regelmäßig stattfindende Gruppengespräche, nicht vergleichbar mit Erzählkreisen. Es ist der Ort, an dem Schüler und Lehrer gemeinsam versuchen, einander zu helfen und Probleme einzelner Kinder, der Klasse und des Lehrers mit seiner Klasse zu lösen. Welche Vorteile bringt der Klassenrat für die Kinder und den Lehrer? Hierzu einige Beispiele: Der Klassenrat hilft,

• eine Atmosphäre zu schaffen, in der sich alle wohl fühlen,
• ein größeres soziales Verständnis der Schüler untereinander zu erreichen,
• Motivation und Verhalten – auch

von unangepaßtem Verhalten — besser zu verstehen und sich um andere Lösungen zu bemühen,

• Verständnis für die Sache aufzubauen (Unterrichtsstoff — Unterrichtsorganisation),

und fördert so menschliche und mitmenschliche Reifungsprozesse.

Es lohnt sich, sich ausführlicher mit den Methoden des Klassenrats zu befassen. Sicher wird nicht alles gleich gelingen, doch mit der Zeit merkt man, wie hilfreich diese Gruppengespräche sind, und wieviel Gewinn die Schüler und man selbst daraus ziehen.

Mit den Kindern gemeinsame Ziele vereinbaren

Die Beziehungsstruktur einer Klasse bildet sich schnell, und es ist wichtig, daß der/die Lehrer/in von Anfang an bemüht ist, allen Kindern das Gefühl des Dazugehörens zu vermitteln. Die regelmäßigen Gesprächsrunden zu festgesetzten Zeiten sind eine wesentliche Basis dafür, daß sich eine gute Beziehungsstruktur auf dem Hintergrund von Gleichwertigkeit und gegenseitiger Achtung entwickeln kann. Ohne Vertrauen und gegenseitige Achtung läßt sich Demokratie im Klassenzimmer nicht erreichen. Das bedeutet, daß ich die Schüler in viele Entscheidungen mit einbeziehe und mit ihnen zu einem Einverständnis komme. Einverständnis im Sinne der Individualpsychologie bedeutet, daß man bei einem Problem mit der Gruppe zu einem Konsens kommt, der von allen akzeptiert werden kann.

Dies ist der wesentliche Unterschied zu Klassen, in denen durch einfache Mehrheit ein Abstimmungsergebnis erzielt wird, denn das führt sehr leicht zu konkurrierenden Gruppen innerhalb der Klasse, von der jede recht behalten möchte. Rechthaben ist jedoch unwichtig, auch die Argumente der Minderheit werden diskutiert und genauso ernstgenommen. Es wird versucht, eine Lösung zu finden, die alle bejahen können. Ggf. werden verschiedene Vorschläge besprochen und nacheinander ausprobiert. So sind diese Gruppengespräche eine bedeutende Hilfe, um die Schüler auf ein gemeinsames Ziel einzuschwören.

Selbstverständlich gibt es Bedingungen, die der Lehrer (die Klasse) nicht verändern kann, die vorgegeben sind, wie z. B. der Lehrplan, der Stundenplan usw., aber es gibt viele Dinge, die ich in meinem Unterricht zusammen mit meinen Schülern regeln kann, z. B. alles, was für das Zusammenleben in der Klasse von Bedeutung ist. *Beispiele:*

• Absprache von Regeln, die notwendig sind für das Zusammenleben in der Gruppe (Gesprächsregeln, Regeln für Freiarbeitsphasen, einfache Ordnungen, Rituale usw.;

• Sitzordnung;

• Strukturierung des Schulvormittags innerhalb des Freiraums, den der Stundenplan und der Schulplan einer Klasse lassen (Frühstückspause, Morgenkreis, Spielphasen, Besprechung des Tagesplans);

• Geburtstagsfeiern in der Klasse.

Durch das Einbeziehen der Schüler in diese zunächst mehr organisatorischen Dinge merken sie, daß die Lehrer/innen nicht die großen Bestimmer sind. Auch sie müssen sich z. B. der Schulordnung fügen und pünktlich um 8 Uhr in der Schule sein. Dinge, die nicht vorgeschrieben sind, können mit den Kindern besprochen werden, andere müssen akzeptiert werden. Gemein-

9

sam mit den Schülern werden Vereinbarungen und Regeln getroffen. Regelungen, an deren Zustandekommen die Klasse beteiligt war, werden als gerecht empfunden, sehr ernst genommen und viel besser eingehalten. Die Schüler haben das Gefühl, daß sie mitbestimmt haben. Sie tragen die Verantwortung mit. Gemeinsame Ziele werden gemeinsam verfolgt.

Hierzu ein kleines Beispiel aus meinem jetzigen 2. Schuljahr: Bisher hatte ich den Tagesplan vor Unterrichtsbeginn an die Tafel geschrieben (entwickelt aus dem Wochenplan, den jeder Schüler hat). Nur manchmal, wenn ich vorher keine Zeit fand, habe ich den Plan gemeinsam mit den Schülern entworfen. Es täglich zu tun, war mir zu aufwendig.

Im Klassenrat trug eine Schülerin die Frage vor, wieso ich das nicht täglich mit ihnen machen würde. In der anschließenden Diskussion stimmten ihr fast alle Schüler zu. Ein Junge formulierte treffend die Begründung: „Wenn wir mitbestimmt haben, macht das Arbeiten viel mehr Spaß." Zwei Schüler waren jedoch dagegen. Ihre Argumente waren eigentlich auch meine: „Es dauert zu lange." Sie stimmten aber zu, den Vorschlag für eine Woche mit auszuprobieren.

Der Klassenrat hat darüber hinaus die Aufgabe, Kindern bei der Lösung von persönlichen Schwierigkeiten und Problemen zu helfen, doch das kann ich erst dann versuchen, wenn die Schüler gelernt haben, Aufgaben, wie unter den Beispielen erwähnt, ge-

meinsam zu lösen. Nachfolgend will ich schildern, wie ich mit einer Klasse, die ich vier Jahre geführt habe, über gemeinsame Planungsarbeit im Klassenrat zur Arbeit mit dem Tages- und Wochenplan gekommen bin.

Der erste Schritt zur Freiarbeit

Es war eine Klasse mit einer Gruppe sehr begabter Schüler, einem kleinen Mittelfeld und einer anderen Gruppe langsam lernender Schüler, eine Herausforderung an mich. Die begabten Schüler, wie auch die schwächeren, brauchten Aufgaben, die ihrem individuellen Lernniveau entsprachen. Die Langsamlerner durfte ich nicht überfordern, die Begabten brauchten Aufgaben und Angebote, um gemeinsam Erfahrungen und Entdeckungen machen zu können.

Wettbewerbshaltungen wollte ich in jedem Fall vermeiden und die Kinder dazu anleiten, individuelle Unterschiede der einzelnen Mitschüler zu respektieren. Das bedeutete Differenzierung und genaue Planung, Bereitstellen von vielfältigen Materialien und Strukturieren des Schulvormittags in Phasen mit unterschiedlichen Arbeitsformen und -inhalten.

Mit einem Tagesplan, den ich vor Unterrichtsbeginn an die Tafel schrieb, wurde meine Planung transparent für die Schüler/innen. Lehrerzentrierte Phasen wechselten mit Phasen, in denen die Schüler/innen selbständig an Aufgaben arbeiteten, die ihrem Lernniveau und Lerntempo entsprachen. Die starre Einteilung in Fächer wurde aufgehoben zugunsten von Schwerpunkten, die sich z. B. aus dem Einstieg in ein neues Thema ergaben. Rituale wie Morgenkreis mit Gespräch und Singen, Klassenrat, Fachunterricht, Frühstückspause sowie die Pausenregelung der Schule gaben einen festen Rahmen.

Im 3. Schuljahr begann ich, im Klassenrat die vorgeschriebenen Themen des Sachunterrichts den Schülern und Schülerinnen vorzustellen und mit ihnen eine Reihenfolge festzulegen, die uns Luft ließ für Themen, die die Kinder interessierten und die sie bearbeiten wollten. Dies war der erste Schritt zur Freiarbeit. Die Kinder bearbeiteten in Gruppen Themen ihrer Wahl und stellten ihre Ergebnisse nach einem festgesetzten Zeitraum den anderen vor.

Für die Pflichtaufgaben des Lehrplans wurde die mir zur Verfügung stehende Zeit knapp. Im Klassenrat von mir als Problem vorgebracht, fanden die Schüler/innen die Lösung, auch Themen aus den Rahmenrichtlinien in unterschiedlichen Gruppen zu bearbeiten und dann allen vorzustellen. Ich merkte sehr bald, daß ich immer mehr Verantwortung, die ich früher meinte alleine tragen zu müssen, auf die Kinder übertrug. Damit ging einher, daß die Schüler/innen aktiver wurden und mit viel mehr Freude lernten.

Als ich für eine Woche zu einem Lehrgang mußte und Vertretungsunterricht erteilt werden sollte, baten mich meine Kinder im Klassenrat, ihnen für diese Woche einen Plan mit ihren Pflichtaufgaben zu geben, dann bräuchten sie eigentlich gar keine Vertretungslehrerin. Ja, und das war mein (unser) erster Wochenplan, ähnlich wie der Plan aus einer späteren Klasse (s. Abb. 1).

Nach meiner Rückkehr erzählte mir die Kollegin, daß diese Woche die lehrreichste in ihrem Lehrerinnendasein gewesen sei. Die Kinder hätten gearbeitet, ohne daß sie Anweisungen geben mußte. Ihre Funktion wäre die einer Beraterin gewesen, wenn ein Kind oder eine Gruppe nicht weiterkam. Ich begann meinen Unterricht mit einem Klassenrat, in dem die Schüler mir bestätigten, daß alles gut geklappt habe. Sie fragten mich, ob sie nicht jede Woche mit einem Wochenplan arbeiten könnten. Natürlich war ich damit einverstanden.

Montags bekamen die Kinder den Plan, der entsprechend meinen Stunden in der Klasse die Pflichtaufgaben, die sich aus meinem Arbeitsplan ergaben, auf die Wochentage verteilte. Außerdem bekamen die Schüler eine Übersicht über andere Ereignisse der Woche, wie z. B. Geburtstagsfeiern. Anhand des Wochenplans wurde morgens der Tagesplan an der Tafel entwickelt.

Wir überlegten gemeinsam, womit wir beginnen wollten, z. B. mit der Erarbeitung einer Rechtschreibregel, die Voraussetzung für die Bearbeitung der Deutschaufgaben des Montags war, und auch, wann in Gruppen, mit einem Partner oder allein nach dem Plan gearbeitet werden konnte. Aufgaben des Plans, die einen Punkt davor hatten, mußten am nächsten Tag fertig sein. Wochenplanaufgaben und Hausaufgaben wurden nicht getrennt. Schüler, die lieber an ihrem selbstgewählten Thema in der Schule mit ihrer Gruppe arbeiten wollten, machten die Pflichtaufgaben dann zu Hause. Das kam durchaus häufig vor.

Mit dieser Art Planung bin ich immer so gut gefahren, daß ich zunächst nicht zu einer Wochenplanung übergegangen bin, bei der sich die Schüler/innen die Pflichtaufgaben innerhalb der Woche selbst einteilen können und erst am Ende der Woche zum Nachsehen und Bestätigen abgeben müssen. Das

habe ich in meinem 2. Schuljahr ausprobiert, das ich gerade habe. Von diesem Schuljahr will ich — da mir alles sehr präsent ist — die Hinführung zum selbständigen Arbeiten ausführlicher beschreiben.

Von Anfang an ein Tagesplan

Kinder in einem ersten Schuljahr (und teilweise auch im zweiten Schuljahr) können den Zeitraum einer Woche noch schwer überblicken. Deshalb führe ich meine Schüler/innen in das selbständige, ihren Lernvoraussetzungen entsprechende Arbeiten über den Tagesplan ein. Gleich am zweiten Schultag beginne ich damit in einem kleinen Klassenrat.

Ich habe mir Symbole für Tätigkeiten wie Lesen, Schreiben, Rechnen, Basteln, Spielen, Frühstücken usw. auf Karten gezeichnet, die mit einem Magnet versehen sind. Dinge, die ich für den Tag geplant habe, hängen als Symbol an der Tafel. Gemeinsam mit den Schülern bringe ich sie in eine Reihenfolge, die die Stunden regelt, die wir gemeinsam verbringen. So wissen die Kinder, was sie erwartet, und sie haben schon an der Planung teilgenommen. Ganz am Anfang ist es hilfreich, wenn man einen kleineren Abschnitt, z. B. von Schulbeginn bis zur Frühstückspause, noch genauer strukturiert.

Dabei setze ich bald die Hilfe einer großen didaktischen Uhr ein, die in meiner Klasse hängt. Die Kinder lernen damit, Zeitabschnitte von 10—15 Minuten abzulesen und ihre Arbeit einzuteilen.

Natürlich ist es wichtig, daß im Klassenrat Ordnungsformen besprochen werden. Wenn Arbeitsphasen wechseln, z. B. von Partnerarbeit zum

Stuhlkreis, muß das mit Erstkläßlern eingeübt werden, damit unterschiedliche Sozialformen ohne großen Zeitaufwand und Krach oder Konflikte stattfinden können. Meine Klasse hat z. B. sehr früh im ersten Schuljahr für den Stuhlkreis folgende Regel gefunden, die heute im zweiten Halbjahr des zweiten Schuljahres noch immer funktioniert: Erst die Jungen, dann die Mädchen – die Jungen sitzen im Halbkreis vor der Tafel, die Mädchen ihnen gegenüber. Nach Ende des Stuhlkreises ist die Gerechtigkeit wieder hergestellt, wenn es heißt – erst die Mädchen, dann die Jungen.

Nach den Herbstferien ging ich dazu über, den Tagesplan nicht mehr an die Tafel zu schreiben, sondern den Kindern schon vor dem Unterricht auf ihren Platz zu legen (Abb. 2).

1. Spalte: Fächer

Mathematik, Lesen, Pause, ♡ = Freiarbeit, Schreiben. Das Herzsymbol für Freiarbeit haben die Kinder sich selbst ausgesucht.

2. Spalte: Sozialformen

Stuhlkreis

Stuhlhalbkreis (Kinositz mit Gang zum Durchgehen in der Mitte) vor der Tafel

Gruppenarbeit

Partnerarbeit

Einzelarbeit

Sozialform frei wählbar

3. Spalte: Strukturierung der Lernphasen (lesbar nur für Eingeweihte)

An diesem Tag wurde erzählt (▽) und das Spiel von der Löwenjagd gemacht. Danach löste sich der Stuhlkreis auf zum Sitzhalbkreis. In Mathematik wurde die Zahl 7 eingeführt mit dem Märchen von den 7 Zwergen, dazu konnte gemalt und die Ziffer geschrieben werden, im Heft 1+1 und auf einem Arbeitsblatt A13 . *

Das Sternchen bedeutet: Pflichtaufgabe.

Im Leseunterricht fand lehrerzentrierter Unterricht für Gruppe 2 an der Tafel statt. Die lehrerzentrierte Phase löste sich auf in Partnerarbeit, und danach wurde alleine weitergeübt. Wer fertig war, konnte Freiarbeit machen (♡). In der Zwischenzeit arbeiteten die Kinder der Gruppe 1 an Gruppentischen *(G)* oder auf dem Flur vor der Klasse an einem Leseblatt *(L)* und einem Arbeitsblatt *(A)* dazu.

Die erledigten Arbeiten wurden mit einem Kreuz versehen. Nach der Frühstücks- und Spielpause von 20–30 Minuten hatten die Kinder Freiarbeit. Die Schüler der Lesegruppe 1 konnten ihre Leseblätter vorlesen und die Arbeitsblätter zeigen.

In einer letzten Phase fand noch einmal lehrerzentrierter Unterricht statt. Die Kinder lernten zwei Wörter schreiben, die auf der Tafel zu-üben waren. Wer fertig war, konnte wieder Freiarbeit machen. Dazu gab es ein Arbeitsblatt und eine Stöpselkarte. Das Fragezeichen bedeutete, daß sich jeder auch eine andere, jedoch „leise" Arbeit suchen konnte.

Der Arbeitsplan mag für Außenstehende verwirrend wirken, meine Schüler konnten gut damit umgehen,

13

da sie vom zweiten Schultag an die Pläne selbst mit entwickelt haben. Der Vorteil des eigenen Plans für jedes Kind lag darin, daß die Kinder mehr Verantwortung für ihre Aufgaben bekamen. Sie mußten notieren, was sie geschafft hatten, das ermutigte sie sehr, und sie konnten zu Hause den Eltern den Plan erläutern und wußten, ob noch Pflichtaufgaben zu erledigen waren als Hausaufgabe oder nicht. Auf einem Elternabend bestätigten mir die Eltern die positive Auswirkung dieses persönlichen Plans, der auch ein Stück Offenheit zum Elternhaus beinhaltet.

Schwierigkeiten mit dem ersten Wochenplan ... und die Vorschläge des Klassenrats

Im zweiten Schuljahr wollte ich den Tagesplan nicht mehr täglich für jedes Kind kopieren, sondern nur noch in gewohnter Form an die Tafel schreiben und durch einen Arbeitsplan (Wochenplan) mit Pflichtaufgaben sowie einem Angebot an Wahlaufgaben erweitern. Pflichtaufgaben waren durch das Symbol „Blume" gekennzeichnet, Wahlaufgaben durch das Symbol „Herz". Im Wahlbereich hatten die Schüler die Möglichkeit, ihre eigenen Vorhaben auf dem Plan zu notieren. Hausaufgaben gab es nicht extra auf, und die eingeführten Schulbücher wurden für Übungen — wenn sinnvoll — eingesetzt.

Mit diesem Wochenplan sind eine Reihe meiner Schüler nicht klargekommen. Die Gründe:
• Es fiel ihnen schwer, den Plan zu überblicken.
• Die Aufgabenmenge erschreckte einige. Sie bekamen Angst, den Plan nicht erfüllen zu können.
• Da ich während der Arbeit am Plan fertige Aufgaben nicht gleich nachsehen konnte, fehlte ihnen die sofortige Kontrolle von mir, die sie im 1. Schuljahr bekommen hatten (spätestens am Tag darauf).

Auch Eltern signalisierten mir, daß ihre Kinder durch diesen Plan unter Druck geraten wären.

Einige Schüler kamen hervorragend klar, arbeiteten den Plan schnell ab, um früh fertig zu sein und um zu den Angeboten der Freiarbeit zu kommen. Auch das schnelle Abarbeiten einer Pflicht erschien mir vom lernpsychologischen Standpunkt fraglich. Die Kinder vertieften sich nicht in eine Aufgabe, Erledigen und Abhakenkönnen standen im Vordergrund. Meine Langsamlerner, für die ich teilweise den Plan durch Aufgabenkürzung oder Ergänzung änderte, kamen zwischendurch nicht in den Genuß von Freiarbeit, weil der Plan nicht fertig war.

In einem Klassenrat nach einem dreiwöchigen Probelauf nannten mir die Schüler einige dieser Kritikpunkte. Sie baten mich, ihnen wie im ersten Schuljahr wieder schriftlich ihren Tagesplan zu geben. Das wollte ich nicht. Deshalb mußte ich mir eine Alternative ausdenken oder einen Schritt zurückgehen und noch einmal in anderer, einfacherer Form einen Wochenplan anbieten.

Die Kritik meiner Schüler/innen hat mich das Wochenende darauf sehr beschäftigt. Sollte ich den Plan ändern? Aber auch ein besser strukturierter Plan mit weniger und vielleicht einfacheren Aufgaben hätte das Problem nicht gelöst. Die Kinder waren im ersten Schuljahr gewohnt, ihrem Lerntempo entsprechend die Lehrgänge im

14

Schriftspracherwerb und in Mathematik zu bearbeiten und wurden durch diesen Plan mit gleichen Pflichtaufgaben für alle auf ein Einheitsniveau gebracht, in dem nur die Wahl der Aufgabe, die Sozialform und das Lerntempo individuell zu bestimmen waren.

Folgende Überlegungen führten zur Konzeption des Wochen-Arbeits-Plans (*Abb. 3*): Ein Mindestprogramm an Pflichtaufgaben ist für mich zur Zeit noch die Basis für ein gesichertes Lernfundament meiner Klasse. Es sollte erweitert werden durch zusätzliche Wahlaufgaben für lernzieldifferentes Arbeiten und Freiarbeitsangebote, bei denen die Schüler/innen Inhalte und Tätigkeiten selbst bestimmen konnten. Aufgrund meiner positiven Erfahrung mit der früheren Form meines Wochenplans (*Abb. 1*) griff ich auf diese Form zurück.

Und so arbeite ich heute mit diesem Plan: Die Pflichtarbeiten, die sich teilweise aus den sogenannten Lehrerstunden ergeben, werden auf die Wochentage verteilt. Aufgrund der täglich zur Verfügung stehenden Stunden bei mir wird zu Beginn des Tages im Morgenkreis der Tagesplan entwickelt, an dem die Kinder in der Regel beteiligt werden. Meistens beginnen wir nach dem gemeinsamen Anfang mit einer lehrgangsbezogenen Phase, entweder in Mathematik, Deutsch oder mit einem Thema aus dem Sachunterricht. Da, wo es sich anbietet, arbeite ich fächerübergreifend.

Nach der Frühstückspause bekommen die Kinder Zeit, die Aufgaben des Plans zu bearbeiten, die — wenn nötig — einigen Schülern noch erläutert werden. Während dieser Phase berate oder helfe ich einzelnen oder einer Gruppe. Hierbei ist es den Schülern freigestellt, mit welcher Arbeit sie beginnen und mit wem sie arbeiten. Sie können sich auch für eine andere sie interessierende Aufgabe entscheiden, müssen dann jedoch die Pflichtaufgaben zu Hause erledigen. Das passiert häufig, besonders wenn Schüler in der Freiarbeit an einem Thema gearbeitet haben, das sie sehr interessiert oder an dem sie mit einem Partner oder in einer kleinen Gruppe in der Schule weiterarbeiten wollen.

Innerhalb der Pflichtaufgaben baue ich sogenannte Oder-Aufgaben ein (auf diesem Plan z. B. in Mathematik durch E = Extraaufgabe gekennzeichnet). Kindern, für die die im Plan angegebenen Übungsaufgaben aus dem Mathematikbuch nicht mehr sinnvoll sind, lege ich diese Extraaufgaben mit Möglichkeiten zur Selbstkontrolle in einen Sammelkorb. Auch in Deutsch differenziere ich gegebenenfalls in dieser Art.

Die eigentliche Differenzierung findet jedoch im unteren Bereich des Plans statt.

Unter der Rubrik

Deine	Meine	Sonderaufgabe

schreibe ich den Kindern individuell für sie wichtige Übungsaufgaben, Übungsspiele oder ähnliches auf, die im Laufe der Woche in den drei Freiarbeitsstunden oder während der Wochenplanarbeit erledigt werden müssen.

Fertige Arbeiten werden in Körbe abgelegt, entweder am gleichen Tag, spätestens am folgenden. Wochenplanarbeit, die in der Schule nicht geschafft wird, muß zu Hause erledigt werden. Aufgrund der wenigen Unterrichtsstunden kann ich leider noch nicht ganz auf „Hausaufgaben" verzichten. Neben diesen Pflichtaufgaben gebe ich den Kindern drei Wochenstunden für

Freiarbeit, die fest im Stundenplan verankert sind. Natürlich können bei der Tagesplanung noch zusätzliche Freiarbeitsräume eingeplant werden. Während der Freiarbeit haben die Kinder Gelegenheit, sich intensiv mit einer Sache zu befassen, z. B. ein Sachthema zu bearbeiten, Geschichten zu schreiben, zu lesen, im Zusatzheft für Mathematik oder mit einer Kartei zu arbeiten, Lernspiele zu machen o. ä. Oft ergeben sich Interessen der Kinder aus dem Unterricht, aus Anregungen im Morgenkreis oder auch aus den so-

genannten „Angeboten", die ihnen der Wochenplan macht. Diese Angebote sind für einige Kinder sehr wichtig. Interessen müssen oft erst geweckt werden.
Am Wochenende geben die Kinder den Plan ab. Erledigte Pflichtaufgaben werden im Laufe der Woche abgehakt, im unteren Bereich notieren die Schüler, womit sie sich in der Freiarbeit beschäftigt haben. Der Plan von H., einem schwachen Schüler, zeigt, daß auch er in der Freiarbeit noch Zeit hatte, sich selbst Aufgaben zu suchen.

Vorgegeben durch mich waren für ihn zwei Sonderaufgaben, er mußte drei Laufdiktate üben und ein Rechenspiel machen. Die Laufdiktate werden von mir in der Regel dienstags bis freitags als sogenannte Frühstücksdiktate allen Kindern diktiert, auch denen, die die Laufdiktate nicht üben, da sie rechtschreibsicher sind. Das erklärt das Symbol (*Abb. 4*). H. hat zusätzlich folgende Arbeiten bewältigt:
1 Seite im Westermann-Übungsheft
1 Schreibkartei
1 Quiesel-Buch mit Quiz-Bogen gelesen
1 Quieselgeschichte geschrieben
J. (*Abb. 5*), eine gute Schülerin, hat dagegen in drei Stunden zusammen mit Sonja an einer Sache gearbeitet. Beide haben sich mit dem Thema „Indianerschrift" befaßt.
Eine andere Gruppe hat Geometrieaufgaben gelöst oder Mathespiele gemacht. Es wurden eine Reihe von freien Texten geschrieben oder am Sachunterrichtsthema der Woche über Katzen im „Bimbo" gelesen.
Die *Abb.* 4 und 5 zeigen zwei Pläne von einer Schülerin, die ohne lerndifferentes Arbeiten völlig unterfordert wäre und das Lernen nicht lernen könnte. Sie weiß in der Regel am Wochenanfang, womit sie sich in der Freiarbeit beschäftigen möchte. Meistens bleibt sie bei einer Sache, die sie intensiv betreibt. So hat sie eine ganze Serie langer, phantasievoller Quieselgeschichten geschrieben, dann hat sie wieder gebastelt und nach dieser Phase — angeregt durch den Sachunterricht — begonnen, eine Pflanzenkartei zu erstellen von allen Pflanzen, die wir in unserer Schulumgebung finden.
Die Arbeit mit diesem Wochenarbeitsplan gibt mir gute Möglichkeiten, meine Schüler/innen individuell zu betreuen, ihnen die Zeit zu geben, die sie persönlich benötigen, sie nicht zu überfordern oder zu unterfordern. Anerkennung bekommen sie über ihren individuellen Beitrag, egal ob er umfangreich ist oder ihrem Vermögen entsprechend nur klein.
Durch Ideen, die die Kinder für den Wochenplan vorschlagen („Wir planen mit"), durch Vorlesen schriftlicher Arbeiten, kleine Ausstellungen kommt es u. a. zu Anregungen innerhalb der Klasse, die Lerninteresse hervorrufen und Lerninteressiertheit stärken. Wochenplanarbeit ist für mich ein Instrument, diese Lernatmosphäre zu schaffen und Kinder im Sinne der Individualpsychologie als gleichwertige Partner zu akzeptieren.

Literatur

1. *Dreikurs, Grunwald, Pepper:* Lehrer und Schüler lösen Disziplinprobleme, Beltz
2. *Volker Längsfeld:* Freie Arbeit, Offener Unterricht. Organisation und Inhalte, Verlag an der Ruhr

Klasse 4a	Wochenplan v. 28.5. – 1.6.90		
	Mathe	Deutsch	SU	Sonstiges
Mo. 28.5.	Geometrie in Gruppen • Geom.S.37 • Z.② 43–54	• S.7 ①+②	Arbeit am selbstgew. Thema	☼ Ⓐ Ariane
Di. 29.5.	• Z.3 ③ + ④	• Lesen S.148–149 • Sprb.S.79 ③	↓	Klassenrat
Mi. 30.5.	–unterrichtsfrei– • 1 Gedicht Lernen • Kartei ⟶ Übe die Wörter, die Du noch nicht sicher beherrschst !			
Do. 31.5.	• Z.3 ⑦	• Sprb.S.80 ①	Arbeit am selbstgew. Thema	☼ Ⓐ Juliane
Fr. 1.6.	• Z.4	Diktat (Kartei) –Lesen	Zwischen- berichte	Klassenrat
Sa. 2.6.	Pfingstferien bis 5.6. Unterrichtsbeginn: Mi. 6.6.		Freiarbeit in dieser Woche: • Kartei bis S.70 – Arbeit aus dem SU-Projekt und dem Schreib – und Matheclub – Textil

Abb. 1

18

Tagesplan für 22.11.90

Fach	Sozial-form		×
	⋮ ⋮	👄 Löwenjagd	
1+1	⋮·⋮	🧍 🖌 und ✏ 77 1+1 ✳ A 13	○
👓	⋮ ·· · ·	Gr.2 (KL) Tafel ✳ 🧍 Lesen und ♡	Gr.1 (G) L A ♡ ○ ○ ○	○
Pause 🥤			
♡	··	G ✂ oder spielen	KL lesen und ♡	
✏	·	Lama Mama ... ▤ ♡ A ♀ JA ? ○ ○	

Abb. 2

19

Hat euch der Ausflug auch so gut gefallen wie mir?
Am liebsten würde ich gleich wieder loswandern!

Arbeitsplan von Montag, 23.9. bis _____

🌸	Mathe	Buch Seite 11, ① – ⑥	Mo	○
		Buch Seite 14, ⑩ – ⑭		○
		$\boxed{\begin{array}{c}K\\6\end{array}}$		○
🌸	Schreiben	Sprachbuch S.12, ① und ②		○
		$\boxed{\begin{array}{c}A\\1\end{array}}$ übe die Wörter!		○
		Diktat S.15 abschreiben		○
🌸	Lesen	Such dir einen Partner! Übe die Reimgeschichte S.16	bis Freitag!	

Die ABC-Schlange wartet auf dich.

Bus Arzt

– Hast du alle Aufgaben in Kunst erledigt?

Ich würde mich über eine Tiergeschichte freuen.

– Wie weit bist du im Lesebegleiter?

Ich möchte: _____

_____

_____

Abb. 3

Wochenplan vom 10.2. - 14.2. für

In dieser Woche ist am Donnerstag und am Sonnabend schulfrei.
Da kann man endlich mal wieder gut spielen. Hoffentlich regnet es nicht.

Am Mittwoch ist von der 1.-5. Stunde Schule.
Am Dienstag ist Sport. Freitags nicht mehr.

Mo. 10.2.	Sprb. S.59 ③ + ④	Buch S.56 ⑬ – ⑱ zeichne sauber mit Lineal!	
Di. 11.2.	Sprb. S.60 ① + ②	Buch S.56 ㉓ – ㉚	
Mi. 12.2.	A1 🖉 den Text in dein Heft!	Buch S.55 ⑦ – ㉖	oder E
Do. 13.2.	schulfrei		
Fr. 14.2.	Sprb. S.61 ①	Buch S.57 ⑨ – ⑬	oder E — Vorlesen oder erzählen können

alle
– Bist du gut im Witzeerzählen? Auf S.88 kannst du es mit einem Partner üben. Auch andere Witze dürfen am Freitag erzählt werden.
– Du kannst aber auch das Gedicht auf S.88 gut lesen üben.

Angebot
– 3 Laufdiktate zum Fitmachen.
– Erzähle von deinem Tier eine lustige Geschichte oder schreibe sie auf.
– Auch für das neue Bimbo ist ein Quiz fertig.

Westermann - Kartei 🎲 ① ② ③
Mathe Spiele 🎲 und 1·2 Memory

DEINE MEINE SONDERAUFGABE
Lesen
Quiesel Bücher
Quiesel Kartei
Quiesel Geschichten

Abb. 4

21

Wochenplan vom 10.2. – 14.2. für

> In dieser Woche ist am Donnerstag und am Sonnabend schulfrei.
> Da kann man endlich mal wieder gut spielen. Hoffentlich regnet es nicht.

Am Mittwoch ist von der 1.-5. Stunde Schule.
Am Dienstag ist Sport. Freitags nicht mehr.

Mo. 10.2.	Sprb. S.59 ③ + ④	Buch S.56 ⑬ – ⑱ zeichne sauber mit Lineal!	
Di. 11.2.	Sprb. S.60 ① + ②	Buch S.56 ㉓ – ㉚	
Mi. 12.2.	A1 ✎ den Text in dein Heft!	Buch S.55 ⑦ – ㉖	oder E
Do. 13.2.	schulfrei		
Fr. 14.2.	Sprb. S.61 ①	Buch S.57 ⑨ – ⑬	oder E · Vorlesen oder erzählen können

alle
– Bist du gut im Witzeerzählen? Auf S.88 kannst du es mit einem Partner üben. Auch andere Witze dürfen am Freitag erzählt werden.
– Du kannst aber auch das Gedicht auf S.88 gut lesen üben.

Angebot
– 3 Laufdiktate zum Fitmachen.
– Erzähle von deinem Tier eine lustige Geschichte oder schreibe sie auf.
– Auch für das neue Bimbo ist ein Quiz fertig.

mit Sonja geforscht

DEINE
MEINE
SONDERAUFGABE

Abb. 5

Maren Böddener

Offene Lernsituationen — ein neuer Beginn

Seit 1974 bin ich als Klassenlehrerin in einer Grundschule mitten in Hamburg tätig. 1985 wagte ich die ersten Schritte in den „offenen Unterricht". Die positiven Erfahrungen, die ich dann mit meinen Kindern von der Vorschule bis zum Ende des vierten Schuljahres machte, bestärkten mich darin, auch weiterhin offen zu arbeiten.

Ich hatte erkannt: Lernen in offenen Unterrichtssituationen erzieht die Kinder in großem Maße zur Selbständigkeit, Selbsttätigkeit und großer Eigeninitiative und fördert deutlich ihr eigenverantwortliches Handeln. Das Einbeziehen individueller wie auch partnerschaftlicher Arbeit trägt zur positiven Persönlichkeitsentwicklung bei, fördert gegenseitige Rücksichtnahme und Achtung. Die heutigen Lebensbedingungen der Großstadtkinder, die größtenteils aus Kleinfamilien kommen, bieten wenig Möglichkeiten, soziales Lernen zu fördern, so daß die Schule diese Aufgabe verstärkt übernehmen muß.

Mein Einstieg in der Vorschule

Als ich im August 1990 wieder eine Klasse als Vorschulklasse übernahm, war ich natürlich gespannt, wie mir diesmal der Einstieg in das offene Arbeiten gelingen würde. Schon in der Vorschulzeit wechselten sich gelenkte

und offene Phasen ab. In den gelenkten Phasen legte ich die Unterrichtsinhalte fest, und es fand gemeinsamer Vorschulunterricht statt. Die offenen Phasen waren bestimmt durch freie Aktivitäten und kleine Projekte.

Während der Zeit der freien Aktivitäten konnten die Kinder innerhalb der bereitgestellten Spiel- und Arbeitsmittel entscheiden, womit sie sich beschäftigen wollten: z. B. Spiele spielen, tuschen, basteln, kneten, etwas ausschneiden, malen, in der Bau- oder Wohnecke spielen, Bilderbücher anschauen oder am Wassertisch etwas ausprobieren.

Bei der Durchführung der kleinen Projekte gab es sowohl gelenkte als auch offene Phasen. So schauten wir uns beim Thema „Apfel" nach einer gelenkten Einführungsphase gemeinsam Bilderbücher an, besuchten einen Apfelbaum und backten auch einen Kuchen. In der freien Arbeitszeit konnten die Kinder aus vielen Angeboten zu unserem Thema die Aufgaben wählen, die sie gern bearbeiten wollten: beispielsweise ein Apfel-Bild malen, ein Apfel-Mobile basteln, einen Apfel sticken, einen Apfelbaum tuschen, etwas kneten oder etwas zum Thema ausschneiden.

Jedes Kind wählte auf diese Weise individuell die Aufgaben, die seinem Interesse und Vermögen entsprachen. Ein Teil dieser Aufgaben war allerdings für alle Kinder verbindlich. Der

Zeitpunkt der Bearbeitung war den Kindern innerhalb unseres Projektes aber freigestellt. Durch die Bereitstellung vielfältiger Materialien wurden die Kinder in besonderem Maße angeregt, eigene Ideen zu entwickeln und zu verwirklichen.

Offene Unterrichtssituationen erfordern in großem Maße diszipliniertes Verhalten der Kinder untereinander wie auch beim Umgang mit den Materialien. Viele Regeln entwickelten sich in den offenen Arbeitsphasen ganz von selbst. Für begehrte Lernangebote, die aufgrund ihrer Beschaffenheit immer nur von wenigen Kindern gleichzeitig bearbeitet werden konnten (z. B. war am Tuschtisch nur Platz für zwei Kinder), legten wir Listen an, in die die Kinder der Reihe nach ihre Namen eintragen konnten. Wer sein Tuschbild beendet hatte, strich seinen Namen aus und benachrichtigte das nächste Kind. Nach dieser Regelung haben wir auch nacheinander Pfannkuchen gebacken.

Natürlich gab es auch Kinder, die Mühe hatten, sich für eine Sache zu entscheiden und ständig neue Dinge anfingen, ohne sie zu beenden. Manche Kinder brauchen viel Zeit, um sich an das selbständige Arbeiten zu gewöhnen und hier für sich Sicherheit zu finden. In solchen Fällen ist es wichtig, den Kindern bei ihrer Entscheidungsfindung zu helfen.

Der Übergang in die erste Klasse

In der ersten Klasse war meine „Vorarbeit" aus der Vorschule natürlich sehr hilfreich. Dennoch war der Anfang wieder sehr aufregend, läßt man sich doch ein Stück weit auf etwas Ungewisses ein. Eine genaue Bedienungsanleitung für offenen Unterricht gibt es nicht, dafür aber viele verschiedene Formen, die meistens gelenkte *und* offene Phasen beinhalten; Tages- oder Wochenpläne gehören dazu sowie freie Arbeitszeiten; der Sitzkreis für gemeinsame Gespräche und Planungen ist ebenfalls ein wichtiger Teil, wenn man seinen Unterricht öffnet, um nur einiges zu nennen. Letztlich entscheide ich als Lehrerin, welche Rahmenbedingungen meinem „offenen Unterricht" zugrunde liegen sollen.

Offenheit bedeutet für mich auch, offen zu sein für die Bedürfnisse der Kinder und die unterrichtlichen Rahmenbedingungen gegebenenfalls auch zu verändern, d. h. kein starres Schema entstehen zu lassen. Ebenso muß ich aber auch offen sein für meine Möglichkeiten und meine Grenzen anerkennen und deutlich machen.

Die Lernräume

Ich begann zunächst, meinen Klassenraum zu gestalten. Ich habe zur Zeit zwei große, durch eine Tür verbundene Räume, so daß ich viele Aktionsecken einrichten konnte. Ein Raum dient hauptsächlich als Klassenraum, in dem auch gemeinsames Lernen möglich ist. Jedes Kind hat seinen festen Sitzplatz an einem Gruppentisch. Während der offenen Unterrichtsphasen wechseln die Kinder ihre Plätze, wenn sie beispielsweise mit anderen Kindern zusammenarbeiten wollen oder die Art der Arbeit dies erfordert. Hierbei wird der Nebenraum auch stets genutzt.

Ich lege viel Wert darauf, daß die Kinder sich in den offenen Phasen sehr diszipliniert verhalten, damit die Arbeitsruhe nicht gestört wird. Aber dadurch, daß die Kinder sich im Rahmen der vorgegebenen Möglichkeiten frei entscheiden, welche Aufgaben sie zu welchem Zeitpunkt bearbeiten, entsteht weniger Unruhe und Streit untereinander als oftmals im herkömmlichen Frontalunterricht, in dem die Kinder kaum eigene Entscheidungen treffen konnten. In der geöffneten Lernsituation ist dies spürbar anders. Im Klassenraum stehen an den Wänden Regale oder auch Tische mit Lernspielen: u. a. Lese- und Rechenpuzzles, die Sabefix-Materialien zum Reichen-Lehrgang, LÜK-Trainer, Stöpselspiele, Dominos, Memorys, Lesespiele, Karteien. Ein weiteres Regal enthält Materialien wie Schreib- und Malpapier, Tischunterlagen, Buntstifte, Wachsstifte, Kleister und Klebeflaschen. Die Seitentafel dient einerseits zur Präsentation von Kinderarbeiten oder Lerninformationen. Andererseits hängt dort eine große Pinnwand, an der die für die offenen Phasen verpflichtenden Aufgaben aushängen. Das ist unser sogenannter „Wochenplan". Die Arbeitsmaterialien, die dazu benötigt werden, liegen, soweit sie sich wöchentlich ändern, direkt darunter auf einem Regal. Mit Symbolen (vgl. dazu PRAXIS GRUNDSCHULE, Heft 2/89) wird zusätzlich an der Pinnwand noch eine Übersicht gegeben über alle derzeit in der Klasse möglichen Tätigkeiten. Eine auf eine Karteikarte gezeichnete Brille bedeutet beispielsweise „Lesen". Die entsprechenden Aktionsekken sind wiederum ebenfalls durch diese Symbole gekennzeichnet. So finden wir die „Brille" z. B. auch in der Leseecke oder bei den Lesespielen wieder. Die Symbole dienen den Kindern vor allem am Anfang als Orientierungshilfe. Nachdem alle Kinder sich mit der offenen Arbeit gut ver-

traut gemacht haben, ist diese Übersicht nicht unbedingt erforderlich, manchmal jedoch noch hilfreich. Im Nebenraum gibt es den Sitzkreis für alle Kinder. Dort hat auch die Leseekke ihren Platz. Weiterhin können die Kinder am Schreibmaschinentisch arbeiten, in die Druckerei gehen, am Tuschtisch tuschen und mit vielfältigen Materialien basteln. Auch ganz normale Spiele und Puzzles sowie Bauklötze stehen den Kindern zur Verfügung. Besonders wichtig ist uns unser Ausstellungstisch, auf dem entweder Dinge stehen, die die Kinder zu bestimmten Themen mitbringen, Arbeiten, die sie im Unterricht angefertigt haben, oder andere Teile, die sie als „ausstellungswichtig" empfinden. Am Ende des Sommers konnten wir tote Schmetterlinge und Käfer betrachten. Mit einer Lupe wird das Betrachten noch reizvoller. Und ein dazugestelltes Buch über Schmetterlinge ist dann natürlich auch interessant. Ich wünsche mir noch einen „Forschertisch", an dem anhand einer Experimentierkartei kleine Dinge erforscht werden können. Die Klassenraumgestaltung wird natürlich auch in weiten Bereichen durch die Unterrichtsinhalte geprägt und verändert sich dadurch von Zeit zu Zeit. Sicher ist es nicht erforderlich, derart viele Angebote von Anfang an in der Klasse zu haben. Man wird möglicherweise schon aus Platzmangel die Angebote reduzieren oder anders anbieten müssen. Zu viel Materialfülle kann die Kinder auch verwirren. Wichtig ist, daß alle Angebote übersichtlich angeboten werden und ihren festen Platz haben, so daß die Kinder einerseits alles gut entdecken und es andererseits auch wieder an den richtigen Platz zurückbringen können. Die Vereinbarung, die Dinge sorgfältig zu behan-

deln und sie an ihren Platz zurückzu-
bringen, wird nach kurzer Zeit, in der
ich sehr genau auf die Einhaltung achte, für die Kinder zur Selbstverständ-
lichkeit, und sie erinnern sich oft auch
gegenseitig an die verabredete Ordnung.

Der Morgenkreis

Zu Beginn des ersten Schuljahres habe
ich die Halbgruppenstunden zum gemeinsamen Lernen genutzt, um damit
auch die Grundlagen zu vermitteln,
die für das selbständige Arbeiten erforderlich sind, ganz abgesehen davon, daß bestimmte unterrichtliche
Aktivitäten, wie das Singen von Lie-
dern oder das Besprechen von Bilder-
büchern o. ä., immer mit allen Kindern
gemeinsam stattfinden.
Die Gesamtgruppe trifft sich seit Beginn des Schuljahres zuerst im Sitz-

kreis zum Morgenkreis, den die Kinder in ähnlicher Form auch schon aus
der Vorschule kennen. Hier beginnen
unsere täglichen Rituale, die für die
Kinder sehr wichtig sind, so daß sie
sich immer beklagen, wenn wir etwas
vergessen. Nach unserem Morgenlied
benennt ein Kind den Wochentag und
stellt unsere Wochentagsuhr. Anschließend schauen wir unseren Mo-
natskalender an. Ein weiteres Kind
nennt das Datum des Tages und schaut
aus dem Fenster, welches Wetter drau-
ßen herrscht. Dann zeichnet es mit
Buntstiften eine Sonne oder Wolken
o. ä. in den Kalender ein. Auch Ge-
burtstage sind in unserem Kalender
vermerkt, die stets im Morgenkreis
nach einem bestimmten Ritual gefeiert
werden.
Anschließend beginnt unsere „Runde": Ein Kind leitet die „Runde". Jedes Kind, die Lehrerin und auch Gäste
haben die Möglichkeit, Erlebnisse

mitzuteilen, Fragen und Bitten zu äußern, Probleme und Sorgen anzusprechen. Das reicht vom Vorstellen neu erworbener „Sticker-Hefte" bis hin zu Gesprächen über fleischfressende Pflanzen und die Gefährlichkeit von Piranhas, wobei wir uns dann oft auch Sachinformationen aus Büchern holen müssen. Lösungen für Probleme, sei es z. B. Ärger in der Klasse oder Streit auf dem Schulhof, suchen wir auch in unserem täglichen Gesprächskreis. Für mich bietet sich im Sitzkreis die Möglichkeit, die Arbeit der Kinder zu würdigen. Auch kann ich den Kindern den Tagesplan bzw. mittlerweile den Wochenplan erklären und mich auch auf Anregungen und Wünsche der Kinder einlassen.

Manchmal sitze ich im Morgenkreis, bin ungeduldig, weil die „Runde" so lange dauert, eigentlich ja doch „nur" belanglose Dinge erzählt werden und ich die Zeit mit den Kindern doch viel sinnvoller nutzen könnte! Aber dann wird mir wieder bewußt: Im Morgenkreis wird fast jedes Kind zum Sprechen und Zuhören angeregt, und Gespräche miteinander entwickeln sich! Wie wichtig ist das für die Kinder in einer Zeit, in der Fernsehen, Video und Computer auch in der Welt der Kinder eine immer größere Rolle spielen und für Gespräche manchmal nicht viel Zeit bleibt! Ganz besondere Freude macht den Kindern der Abschluß des Morgenkreises. Dann werden die Briefe der Kinder an unsere Klassenmaus Mimi vorgelesen.

Tagesplan und Wochenplan

Nach dem Morgenkreis begann anfangs, als wir noch mit verminderter Stundenzahl arbeiteten, die offene Phase, die „Tagesplanzeit". Vereinfacht dargestellt gab es beispielsweise zwei Pflichtaufgaben aus unterschiedlichen Unterrichtsbereichen, die die Kinder in der ihnen an diesem Tag zur Verfügung stehenden Zeit bearbeiten mußten. Nun konnten sie wählen, mit welcher Aufgabe sie beginnen wollten. Natürlich konnten sie sich auch zunächst für eine freie Arbeit entscheiden. Ich habe mich bei der Planung bemüht, die Zeit so zu bemessen, daß neben der Bearbeitung der Pflichtaufgaben auch noch freie Tätigkeiten möglich waren. Am Anfang habe ich den Kindern häufig geholfen, die Zeit einzuteilen.

Arbeiten, die nicht beendet werden konnten, wurden in einen Korb gelegt, der in der Mitte eines jeden Gruppentisches steht. Sie mußten am Freitag, an dem es keine Pflichtaufgaben gab und die Kinder frei entscheiden konnten, beendet werden. Das war natürlich für viele Kinder auch ein Ansporn, etwas schneller zu arbeiten. Zu Lernspielen, die aus Zeitgründen nicht beendet werden können, legen die Kinder ihre Namenskarte.

Beendete Aufgaben werden stets in meinen Kasten gelegt. So erhalte ich schnell eine Übersicht über den Stand der Arbeit, kann Hilfen für die Zeiteinteilung geben und auch die Leistungsentwicklung der Kinder besser beobachten. Mit einer „Aufräummusik" läute ich das Ende der offenen Phase ein. Wenn genügend Zeit ist, findet in unserem Sitzkreis noch eine Abschlußrunde statt. Die Kinder haben dann die Möglichkeit, ihre Arbeiten vorzustellen und würdigen zu lassen. Fingerspiele, Lieder oder auch Vorlesegeschichten haben hier oft ihren Platz und bilden einen fröhlichen Tagesausklang.

Bereits in der 4. Woche des neuen Schuljahres fand an unserer Schule eine Projektwoche statt. Meine Parallel-Kollegin und ich bereiteten gemeinsam das Thema „Markt" vor. Dazu erarbeiteten wir Anregungen für gemeinsame Phasen und Angebote, die jedes Kind bearbeiten sollte, die aber nicht an einen bestimmten Tag gebunden waren. Am Ende der Projektwoche stellten wir fest, daß die Kinder sich die Angebote für die offene Phase gut über die Woche hin einteilen konnten, eigene Ideen einbrachten und verwirklichten.

Das bestärkte mich darin, meinen Unterricht von der Tagesplan- auf die Wochenplanarbeit umzustellen. Den Mut dazu hatte ich in meiner vorherigen Klasse erst gegen Ende des ersten Schuljahres aufgebracht. Aber die Kinder und ich brauchten damals wohl diese Zeitspanne.

Die Zeit der Wochenplan- bzw. Freiarbeit beginnt stets nach dem gemeinsamen Klassenfrühstück und dauert zur Zeit etwa zwei Schulstunden pro Tag. Anfangs war täglich eine Erinnerung an die anstehenden Aufgaben erforderlich, aber nach kurzer Zeit brauchte ich nur am Wochenbeginn den Plan zu erklären.

Es hat sich mittlerweile so ergeben, daß viele Kinder mit den Pflichtaufgaben beginnen, voller Stolz berichten, daß sie damit fertig sind, und sich anschließend mit großem Eifer weiteren selbstgewählten Arbeiten widmen.

Einige Kinder haben noch Probleme mit dieser Art der Arbeit. Hier helfe ich durch gezielte Lenkung, bis ich merke, daß sie sie nicht mehr benötigen.

Andere Kinder arbeiten sehr langsam, so daß ich die Menge der Pflichtaufgaben individuell für einzelne Kinder verringere. Es ist sehr wichtig, die Kinder stets gut zu beobachten und Differenzierungen vorzunehmen.

Die Lehrerrolle

Für Beobachtung und Differenzierung bietet der offene Unterricht viele Möglichkeiten, da sich durch ihn meine Rolle als Lehrerin sehr stark verändert hat. Während ich in den gemeinsamen Phasen den Unterricht meistens stark lenke und die Aufmerksamkeit der Kinder auf „mein" Thema konzentrieren muß, übernehme ich in den offenen Phasen hauptsächlich beratende und helfende Funktionen. Ich stelle den Kindern Materialien zur Verfügung, mit denen sie selbständig arbeiten können. Ich stecke auch den Rahmen für die Pflichtaufgaben ab und achte auf die Einhaltung der Regeln, was mittlerweile kaum noch erforderlich ist. Die Kinder arbeiten und entscheiden selbständig. Ich werde oft nur noch zu Rate gezogen, wenn Probleme und Fragen entstehen oder wenn ich eine Arbeit würdigen soll. Wer etwas von mir will, kommt zu mir und legt mir die Hand auf die Schulter. Damit wird die Unruhe vermieden, die entstehen kann, wenn mehrere Kinder mich gleichzeitig als Helfer brauchen.

Ich erkläre und helfe nur dann, wenn es wirklich erforderlich ist. In der Regel helfen sich die Kinder gegenseitig, und ganz von allein entwickeln sich kleine Experten für ganz bestimmte Themen. Wenn wir z. B. die Bilder des Sabefix-Programms nicht genau erkennen können, wenden wir uns an unsere Sabefix-Spezialistin. Manchmal berät eine ganze Gruppe von Kindern, wie eine bestimmte Aufgabe wohl zu lösen ist. Oft werde ich gar nicht erst zu Rate gezogen. Dadurch bleibt mir viel Zeit zum Beobachten, und ich kann mich vor allem gezielt den Kindern widmen, die besondere Förderung benötigen.

Anfangs hatte ich große Probleme mit

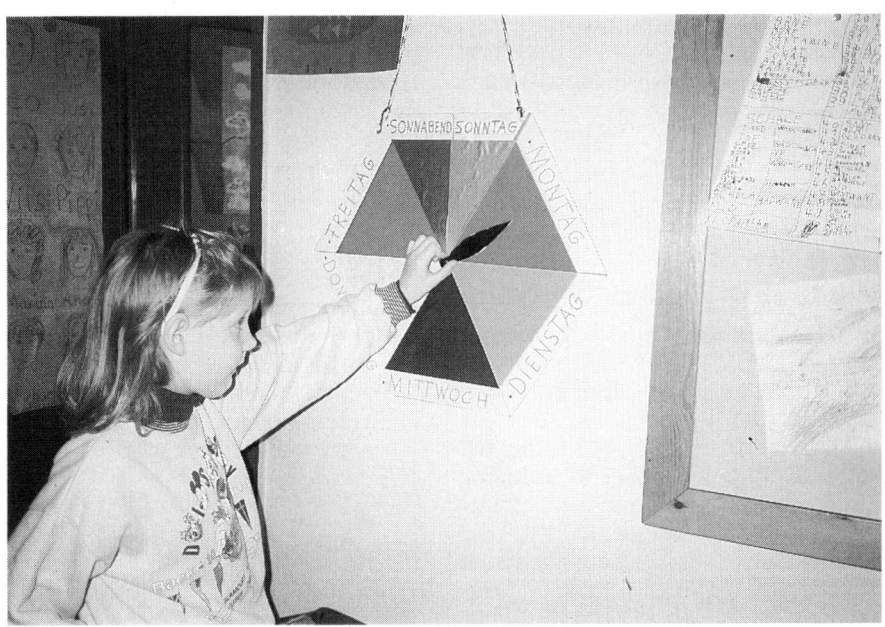

meiner veränderten Lehrerrolle, war ich es doch gewohnt, überall einzugreifen, aufzupassen, daß alle Kinder fleißig lernten, und auch Streit zu schlichten. Heute bin ich froh, daß ich das nicht mehr in dem Maße tun muß. Der Vormittag kostet mich nicht mehr so viel Kraft wie früher.

Mein Vertrauen darauf, daß die Kinder aus eigenem Antrieb lernen wollen und immer wieder neugierig auf neue Lernangebote sind, daß sie mit Freude neue Spiele entdecken und oft verblüffende Spielregeln verabreden, bestätigt sich auch in dieser Klasse wieder. Es ist für mich schon manchmal ein sehr beglückendes Gefühl, die Kinder in ihrem so selbständigen und selbstverantwortlichen Tun zu beobachten. Streitereien gibt es kaum noch, da sich ja jedes Kind „frei" entschieden hat für seine Arbeit. Auch kann ich ertragen, wenn die Kinder während der Arbeit Pausen machen. Sie brauchen sie, um

hinterher um so konzentrierter weiterarbeiten zu können.

Natürlich verläuft auch in meinem Unterricht nicht immer alles so, wie ich es mir wünsche. Es gibt Tage, die „arbeitsamer" und weniger „arbeitsam" verlaufen. Manchmal haben die Kinder einen schlechten Tag, manchmal ich. Vor allem muß ich mich stets dabei kontrollieren, den Wochenplan nicht mit zu vielen Pflichtaufgaben zu füllen, damit genügend Raum für die Vorhaben der Kinder bleibt.

Zunehmend möchte ich dazu kommen, die Wochenpläne sowohl durch Differenzierung als auch durch eigene Themenwünsche der Kinder individueller zu gestalten. Möglicherweise ergeben sich aus den individuellen Themenwünschen Vorhaben für die ganze Klasse. Schon jetzt sind die Kinder durch unsere bisherigen kleinen Projekte dafür sensibilisiert, im häuslichen Bereich nach Anschauungs- und Informationsmaterialien wie beispielsweise nach Büchern, Bildern oder Zeitungsausschnitten zu einem bestimmten Thema zu suchen und diese mit in die Schule zu bringen, wodurch auch mir ein Teil meiner Vorbereitungsarbeit abgenommen wird.

Planung in kleinen Schritten

Die Planung des Unterrichts nimmt am Anfang viel Zeit in Anspruch. Aber beachten sollte man, daß auch die Planung des offenen Arbeitens nur in kleinen Schritten erfolgen kann. Ich setze hier für mich immer wieder neue Grenzen, um nicht durch die vielfältigen Fortbildungsmöglichkeiten und Anregungen aus pädagogischen Schriften oder durch die Fülle des Materialangebots der Verlage unter Druck zu geraten.

Lese- und Rechentrainer, die eigentlich in jeder Schule zumindest in begrenztem Umfang vorhanden sein müßten, können schon erste Angebote für freies Arbeiten sein. In Fortbildungsveranstaltungen und auch aus der Westermann-Zeitschrift PRAXIS GRUNDSCHULE habe ich mir viele Anregungen geholt. Spiele, Puzzles und Bücher habe ich von meiner heranwachsenden Tochter übernommen. Ein Bummel über den Flohmarkt lohnt sich auch. Die Herstellung oder Beschaffung von Lernmaterialien entwickelt im Laufe der Zeit eine Eigendynamik.

Die Planung des Unterrichts für eine Woche im voraus fiel mir anfangs schwer, da ich nicht genau abschätzen konnte, wieviel Zeit die Kinder wohl benötigen würden. Wenn ich merke, daß meine Anforderungen zu umfangreich sind, verlängere ich den Plan um eine weitere Woche. Manchmal werden meine Pflichtaufgaben auch zu freiwilligen Angeboten.

Eine große Erleichterung und Hilfe in der Planung und Durchführung meines Unterrichts ist die Zusammenarbeit mit meiner Parallel-Kollegin. Wir sprechen die Unterrichtsinhalte für einen längeren Zeitraum gemeinsam ab, regen uns gegenseitig an und entwickeln viele Ideen. Wir teilen uns die Vorbereitungsarbeiten in vielen Bereichen auf und tauschen unterrichtliche Erfahrungen und Erlebnisse aus. Meine Vorstellung, dadurch mehr Sicherheit in meiner pädagogischen Tätigkeit zu erlangen, hat sich bestätigt.

Die Mitarbeit der Eltern

Ein sehr wichtiger Teil meiner schulischen Arbeit ist das Einbeziehen der Eltern. Ich habe den Eltern auf einem Elternabend *meinen* offenen Unterricht erklärt, Fragen dazu beantwortet und Wünsche entgegengenommen. Viele Eltern hatten schon einiges über offenen Unterricht gehört, wußten aber nicht, wie er in der Praxis konkret abläuft. Den herkömmlichen Unterricht kann sich jeder gut vorstellen, zumal ihn jeder in irgendeiner Weise selbst erlebt hat. Offene Unterrichtsformen hingegen werfen immer noch viele Fragen auf wie beispielsweise: Lernen die Kinder genug? Wird der Lehrplan eingehalten? Sind die Leistungen vergleichbar mit den Leistungen der Klassen, die nach herkömmlichem Muster unterrichtet werden?

Ich habe allen Eltern angeboten, in meiner Klasse, vor allem während der offenen Phasen, zu hospitieren. Die Eltern können dadurch das offene Arbeiten direkt miterleben und werden auch von den Kindern sofort als Helfer einbezogen. Viele Eltern haben dieses

Angebot schon angenommen. Einige Mütter kommen weiterhin regelmäßig zur Elternmitarbeit in die Klasse. Schule auch für die Eltern zu öffnen, erscheint mir sehr wichtig. Sie bekommen dadurch die Gelegenheit, Schule im weitesten Sinne kennenzulernen und besser zu verstehen und werden sich selbst leichter öffnen können für schulische Fragen und Probleme.

Meine Parallel-Kollegin und ich haben im Verlauf des ersten Halbjahres einen weiteren Elternabend veranstaltet, an dem die Eltern alle Arbeitsmittel anschauen und ausprobieren durften. So beschäftigten sich einige Eltern mit der Druckerei, andere Eltern saßen in der Leseecke, gern probierten sie Lernprogramme aus, spielten gezinktes Memory oder Lesedomino. Viele nette Gespräche ergaben sich dabei am Rande und trugen zum weiteren Kennenlernen der Eltern untereinander bei. Wir erklärten und halfen, wenn wir darum gebeten wurden: So wurde der Elternabend fast zum offenen Unterricht für Eltern!

Zusammenfassend kann ich sagen, daß nach meinen bisherigen Erfahrungen die Öffnung des Unterrichts sicher eine gute „schulische" Antwort auf die veränderten Lebensbedingungen der Kinder ist. Aber nicht nur für die Schüler wirkt sich diese Art des Lernens positiv aus. Auch ich als Lehrerin in meiner veränderten Rolle entdecke wieder viele positive Aspekte an meinem Beruf. Schule ist nicht mehr „nur" mit Arbeit verbunden, sondern weckt auch bei mir wieder viel Freude, Neugier und Spannung und ein großes Maß an Zufriedenheit — für mich eine gute Entwicklung! Es gehört am Anfang nur ein bißchen Mut dazu.

Harald Herzog

Schöne heile WOPL-Welt?

Wochenplanarbeit an weiterführenden Schulen

Um eines gleich vorwegzunehmen: Es geht nicht darum, die Arbeit von Schülerinnen und Schülern oder Lehrerinnen und Lehrern abzuwerten. Die Einrichtung von WOPL-Stunden (Wochenplanstunden) bzw. AS-Stunden (Arbeitsstunden) an Ganztagsschulen ist notwendig, und es gibt mit Sicherheit eine Vielzahl von Schülern und Schülerinnen, die gelernt haben, ihre WOPL-Stunden sinnvoll zu nutzen! Nicht zu leugnen ist allerdings auch ein zunehmender Unmut bei Schüler-, Eltern- und Lehrerschaft über WOPL-Stunden, die „nicht so laufen".

Um diese Kritikpunkte soll es in diesem Beitrag zunächst gehen — eine kritische Bestandsaufnahme sozusagen —, um dann nach Lösungsansätzen zu fragen. Doch zunächst noch

31

einmal zurück zu dem, was an Organisation und Durchführung vieler WOPL-Stunden von Schüler/inne/n, Eltern und der Lehrerschaft kritisiert wird:

• WOPL-Aufgabenstellungen sind oft nicht nach Grund- und Zusatzanforderungen differenziert.

• Lehrer/innen (miß-)verstehen WOPL-Stunden häufig als Beaufsichtigungsstunden.

• Konzentrationsschwache Schüler/innen werden in WOPL-Stunden abgelenkt, so daß sie sich erst recht nicht konzentrieren können.

• WOPL-Lehrer/innen können den Schülern und Schülerinnen in der WOPL-Stunde nur begrenzt Hilfen bieten, da sie nicht unbedingt Fachlehrer/in des betreffenden WOPL-Faches sind.

• Verhaltensregeln für WOPL-Stunden werden von verschiedenen WOPL-Lehrer/inne/n unterschiedlich gehandhabt.

• Viele Eltern informieren sich kaum/nicht über die WOPL-Aufgaben ihrer Kinder und nehmen – wenn überhaupt – nur geringe Kontrollfunktionen wahr.

• Schüler/innen arbeiten nur einen Teil der WOPL-Stunde ernsthaft an ihren Aufgaben; den Rest der Stunde „nutzen" sie zu unterrichtsfremden Aktivitäten.

• WOPL-Aufgaben werden nicht einheitlich kontrolliert: Manche Lehrer/innen korrigieren die WOPL-Arbeiten der Lerngruppe vollständig wie einen Test, andere überprüfen nur auf Vollständigkeit, und wieder andere sehen die erledigten WOPL-Arbeiten nur selten oder überhaupt nicht ein.

32

- Die Frage, ob und wie WOPL-Arbeiten benotet werden sollen/können, wird von Lehrer/inne/n unterschiedlich gesehen.
- WOPL-Aufgaben sind in den dafür vorgesehenen Stunden selten ganz zu schaffen.

Schüler/innen, Eltern und Lehrer/innen scheinen also in der Praxis mit WOPL gelegentlich „im Clinch zu liegen".

Lehrer/innen bemängeln fehlende Arbeitshaltung bei den Schüler/inne/n, Disziplinschwierigkeiten sowie schlampige Ausführung der gestellten WOPL-Aufgaben.

Die Schüler/innen ihrerseits klagen darüber, daß WOPL-Aufgaben für Deutsch, Englisch, Mathematik und WP (Wahlpflichtunterricht) in den vorgesehenen WOPL-Stunden kaum zu schaffen sind, zumal Gruppengröße und entsprechender Geräuschpegel ein konzentriertes Arbeiten erschweren. Die Eltern schließlich fühlen sich nicht ausreichend informiert und kritisieren inkonsequentes Korrektur-/ Kontrollverhalten auf seiten der Lehrer/innen.

Gegenseitige Schuldzuweisungen helfen wenig

Sich gegenseitig den „schwarzen (WOPL-)Peter" zuzuschieben, hilft aber bekanntermaßen wenig. Hilfreich sind statt dessen:
- klare Absprachen,
- pädagogische Konsequenz im Umgang mit dem Thema „WOPL-/AS-Stunden",
- Information und
- eine jahrgangsspezifische Sichtweise von dem, was WOPL leisten kann/ soll.

Gerade ein differenziertes Verständnis von WOPL kann für eine sinnvolle Realisation nützlich sein, denn je nach Jahrgangsstufe können Wochenplan- oder Arbeitsstunden ganz unterschiedlich angelegt sein. Von besonderer Bedeutung ist aber eine in Jahrgangsstufe 5 einheitliche Einführung der Schüler/innen in die Arbeit mit dem Wochenplan. Was hier versäumt wird, kann ein Mißlingen der WOPL-Arbeit in den übrigen Jahrgangsstufen zur Folge haben.

Gemeinsam Verhaltens- und Arbeitsregeln erarbeiten

In Klasse 5 sollten **mit** den Schülern und Schülerinnen gemeinsam **WOPL-Verhaltens-** und **Arbeitsregeln** (siehe die Seiten 38 u. 39) erarbeitet werden. Eine konsequente Kontrolle und Korrektur der erledigten Aufgaben durch die Fachlehrer/innen ist in dieser Phase unerläßlich und signalisiert der Lerngruppe, welche Bedeutung ihre Lehrer/innen der Arbeit mit dem WOPL beimessen.

Dies ist um so wichtiger, als sich WOPL-Arbeit wesentlich von den bisher bekannten Hausaufgaben unterscheidet:
- WOPL erfordert die Fähigkeit, die zur Verfügung stehenden WOPL-Stunden selbstverantwortlich einzuteilen und zu organisieren.
- In WOPL-Stunden müssen die Schüler/innen Rücksicht aufeinander nehmen, um effektiv arbeiten zu können.
- WOPL ist gerechter als herkömmliche Hausaufgaben. Schüler/innen, die zu Hause bei ihren Hausaufgaben keine Hilfe von ihren Eltern erhalten,

können jetzt Mitschüler/innen und die/den WOPL-Lehrer/in um Rat fragen.

• Die Schüler/innen sollen sich zuerst untereinander helfen (Helfersystem), ehe sie bei schwerwiegenden Verständnisschwierigkeiten den/die Lehrer/in zu Rate ziehen.

• Während Hausaufgaben im traditionellen Sinne eine Bindegliedfunktion zwischen Schule und Elternhaus hatten, erfüllt WOPL diese Aufgabe nur unzureichend, da die WOPL-Aufgaben in der Schule erledigt werden und Eltern sich oft nicht informiert fühlen. Gerade das Helfersystem ist immer wieder ein „Stein des Anstoßes", fällt es den Schüler/inne/n doch schwer, in angemessener Lautstärke zusammenzuarbeiten. Auch hier helfen nur sinnvolle Absprachen. So hat sich zum Beispiel die „Öffnung des Klassenraums" bewährt, das heißt, der Klassenraum ist den Schülerinnen und Schülern

vorbehalten, die still und selbständig arbeiten wollen, während an Tischgruppen unmittelbar vor dem Klassenraum Aufgaben erledigt werden, die z. B. Partnerarbeit erfordern. Die Schüler/innen nutzen diesen neuen Freiraum nur anfänglich aus, da sie WOPL-Aufgaben, die sie selbstverschuldet in der WOPL-Stunde nicht geschafft haben, zu Hause nacharbeiten müssen.

Aber auch hier ist zunächst eine konsequente Kontrolle der Kinder notwendig, um sicherzustellen, daß auch außerhalb des Klassenraumes tatsächlich gearbeitet wird. Viele Schüler/innen müssen erst lernen, auch ohne „Dauerbeaufsichtigung" durch den/die Lehrer/in ihre Arbeitszeit selbstverantwortlich zu organisieren.

Die Aufgaben müssen selbständig gelöst werden können

Wenn ein Ziel der WOPL- bzw. AS-Stunden darin besteht, die Schüler/innen zu **selbständigem** Arbeiten zu befähigen, dann müssen die gestellten WOPL-Aufgaben hinsichtlich des Umfangs und des Schwierigkeitsgrades auch so beschaffen sein, daß sie in den vorgesehenen Stunden zu bewältigen sind. Im Ganztagsbetrieb sollte in den unteren Klassen eine zusätzliche Bearbeitung der WOPL-Aufgaben zu Hause vermieden werden, um eine Überforderung der Schüler/innen zu verhindern.

Aus diesem Grunde kann mit der Lerngruppe regelmäßig — zum Beispiel in den sogenannten Klassenlehrer- oder Tutorenstunden — über Art und Umfang der gestellten WOPL-Aufgaben gesprochen werden; die

Lehrer/innen sind in diesem Zusammenhang angehalten, ihre Aufgaben untereinander abzustimmen und zu vergleichen.

Darüber hinaus ist eine Unterteilung der WOPL-Aufgaben in Grund- und Zusatzanforderungen unerläßlich, um schwächeren Schülern eine überschaubare und durchaus zu bewältigende Aufgabenmenge vorzugeben, die von leistungsstärkeren durch die zusätzliche Bearbeitung von weiterführenden Zusatzaufgaben ergänzt werden können. Da Zusatzaufgaben aber auch von leistungsstarken Schülern gelegentlich nicht gemacht werden, weil „man ja die Grundanforderungen bereits erledigt hat", sollte der Lehrer/die Lehrerin deutlich machen, für welche Schüler/innen Grund- **und** Zusatzanforderungen verpflichtend sind.

Ist in der Jahrgangsstufe 5 bzw. 6 die Erarbeitung und Einhaltung der vereinbarten WOPL-Regeln von zentraler Bedeutung, so sollten die Schüler/innen ab Klasse 7 in der Lage sein, selbständig zu arbeiten und WOPL-Aufgaben ordentlich zu erledigen. Die Befähigung zum selbständigen Arbeiten wird mit dem Beginn der äußeren Differenzierung nach Fachleistungskursen — zunächst in den Fächern Englisch und Mathematik ab Klasse 7 — unerläßlich, da die Schüler/innen nun mit steigender Jahrgangsstufe einer wachsenden Anzahl differenzierter Fachleistungskurse angehören.

Der Lehrer/die Lehrerin entfällt in fachfremden Fächern zunehmend als Ansprechpartner/in, da die Aufgabenstellungen immer komplexer werden. Die Schüler/innen sind somit in einem größeren Maße auf sich selbst gestellt und müssen nun unter Beweis stellen, ob sie in den Jahrgangsstufen 5 und 6 Rücksichtnahme, Eigenständigkeit und Kooperation gelernt haben.

Kontrolle und Korrektur von WOPL-Aufgaben

Ist die konsequente Korrektur der WOPL-Aufgaben durch den Lehrer in den Jahrgangsstufen 5 und 6 noch unerläßlich, so sollte ab Klasse 7 mit Eltern und Schülern geklärt werden, wie und in welchem Rahmen WOPL-Ergebnisse korrigiert werden. All die Kolleginnen und Kollegen, die „nur" ein WOPL-Fach unterrichten, werden die WOPL-Aufgaben ihrer Lerngruppen auch weiterhin korrigieren können; aber wie sollen Lehrer/innen mit zwei WOPL-Fächern in je zwei Klassen (das ist keine Seltenheit!) ein wöchentliches „WOPL-Aufkommen" von nahezu 100 WOPL-Arbeiten noch sinnvoll und zumutbar korrigieren?

Hier sind also Absprachen mit Eltern und Schülern unbedingt erforderlich! Was besonders die Eltern zunächst als Benachteiligung empfinden („Andere Lehrer/innen korrigieren aber wöchentlich alle WOPL-Aufgaben!"), kann andererseits zur Einbeziehung der Eltern in die Kontrolle der WOPL-Aufgaben genutzt werden.

So ist zum Beispiel die wöchentliche Vorlage und Abzeichnung des WOPL-Ordners/-Heftes bei den Eltern eine Möglichkeit, die von der Elternschaft oft bemängelte fehlende Information über das, „was ihre Kinder gerade in der Schule machen", auszugleichen. Ein dazu erforderlicher Vordruck (siehe dazu S. 40) läßt sich ohne großen Aufwand in den WOPL-Ordner einkleben.

Daß WOPL-Aufgaben von den Lehrern und Lehrerinnen dennoch auf Vollständigkeit und ordnungsgemäße Ausführung hin überprüft werden müssen, versteht sich von selbst, denn auch die motiviertesten Schüler/innen werden auf Dauer keine vollständigen und/oder ordentlichen WOPL-Aufgaben mehr abliefern, wenn jegliche Kontrolle fehlt. Es sollte auch stichprobenartig geprüft werden, ob alle Aufgabenstellungen problemlos bearbeitet werden konnten oder ob problematische Aufgaben im Unterricht noch einmal thematisiert werden müssen.

Die Besprechung der WOPL-Aufgaben im Unterricht und die Arbeit mit vorgefertigten Lösungsblättern können darüber hinaus den Zeitaufwand für die Korrektur von WOPL-Aufgaben sinnvoll reduzieren. Schüler lernen so zudem, ihre Aufgaben selbständig zu korrigieren und zu überarbeiten.

Wochenplan und freie Arbeit

Wochenplan- und Freiarbeit nach den Grundsätzen von *Maria Montessori* haben eigentlich nur wenig gemeinsam, da die Entscheidungsfreiheit der Schüler/innen hinsichtlich der zu bearbeitenden Themen durch fachliche Bezüge und eine begrenzte Anzahl von WOPL-/AS-Stunden stark eingeschränkt ist. Dennoch sind einige Grundzüge der Freiarbeit, besonders hinsichtlich der Klassenraumausstattung, auch auf die Arbeit mit dem Wochenplan übertragbar:

• Im Klassenraum sollten sich Ordner mit Übungsmaterialien verschiedenster Schwierigkeitsgrade befinden, die es den Schülern, die mit ihren Aufgaben fertig sind, ermöglichen, selbständig zu arbeiten.

• Alle Ordner sollten die entsprechenden Lösungsblätter enthalten, um die Schüler/innen zu selbständigem Arbeiten zu erziehen.

• Weitere empfehlenswerte Materialien sind: Schüler-Lexika, Lernkarteien, eine Schreibmaschine, eine Klassenbücherei.

Zu warnen ist jedoch vor „blindem Vertrauen" in angebotene Material-Pakete! Eine Klasse wird nicht durch eine Flut von Ordnern und Übungsmaterialien zur „freien Arbeit" befähigt, sondern durch ein beständiges Arbeiten mit einer zunächst überschaubaren und dann wachsenden Menge sinnvoller und schülergerechter Materialien.

So kann ein erster Schritt in die richtige Richtung darin bestehen, „alte" Klassenarbeiten und Arbeitsblätter **mit** den Lösungsblättern in gesonderten Ordnern zu sammeln und den Schülern und Schülerinnen innerhalb der WOPL-Stunden als additives Übungsmaterial anzubieten.

Verhaltensregeln

① ☞ Wir nehmen aufeinander Rücksicht und sorgen für Ruhe und Ordnung an unserem Gruppentisch.

② ☞ Jede(r) soll konzentriert arbeiten können.

③ ☞ Bei Partner- oder Gruppenarbeit spreche ich so leise, daß die anderen nicht gestört werden.

④ ☞ Wir helfen uns gegenseitig, damit jede(r) die Aufgaben lösen kann. Erst wenn wir nicht mehr weiterwissen, fragen wir den Lehrer/die Lehrerin.

⑤ ☞ Mit Arbeitsmitteln gehe ich ordentlich um und stelle sie dorthin zurück, wo ich sie hergenommen habe.

⑥ ☞ Wenn ich außerhalb des Klassenraumes arbeite, verhalte ich mich diszipliniert.

westermann®

Arbeitsregeln

① Ich entscheide mich, für welches Fach ich arbeiten möchte.

② Die Arbeitsaufträge lese ich mir aufmerksam durch.

③ Auf meinem WOPL-Blatt notiere ich zunächst Name, Datum, Fach und WOPL-Nummer.

④ Wenn ich eine WOPL-Aufgabe beginne, mache ich sie ordentlich zu Ende, bevor ich mit einer anderen Aufgabe anfange.

⑤ Meine WOPL-Aufgaben liefere ich pünktlich ab.

⑥ Wenn ich vom Lehrer/von der Lehrerin kontrollierte WOPL-Aufgaben zurückbekomme, berichtige ich zunächst meine Fehler, bevor ich eine neue WOPL-Aufgabe beginne.

westermann®

WOPL-KONTROLLBLATT

Name: _____   Fach: _____

Klasse: _____

WOPL-Nr.	Datum	WOPL-Aufgabenstellung	Unterschrift der Eltern

westermann®

Karin Hoek

Wochenplanarbeit in nur einem Fach: „Bonbons" im Schulalltag?

Ein Beispiel aus dem Geschichtsunterricht

Positive Erfahrungen mit Übungs- und Freiarbeitsstunden in meiner achten Klasse ließen bei mir Neugierde am Ausprobieren weiterer Formen offeneren Unterrichts wachsen. Nach einem ermutigenden ersten Versuch mit einer kleineren Gruppe im Fach Deutsch wagte ich schließlich den Sprung in „das kalte Naß", in der Erwartung, daß auf diese Weise Schülerinnen und Schüler der Stammgruppe
• ihre Planungskompetenz trainieren,
• ihre Selbständigkeit im Erarbeiten von Themen erproben,
• ihr bisheriges Repertoire von Lerntechniken festigen und erweitern,
• ihr eigenes Lerntempo bestimmen und
• selbständig motivierendes Unterrichtsmaterial nach eigenen Vorstellungen erstellen können.
Das Thema „Industrielle Revolution" bot sich für dieses Unternehmen geradezu an,
• da diese Unterrichtseinheit bei Lerngruppen erfahrungsgemäß gut ankommt,
• da insbesondere das mir zur Verfügung stehende Unterrichtsmaterial des Freiarbeitsverlages zu diesem Thema (*Ch. Jackwerth, E. Rüger*, I ♡ Geschichte: Industrialisierung, Lichte-

nau) anschaulich und vielseitig gestaltet erschien,
• da ich zudem auf mehrere Klassensätze geeigneter Geschichtsbücher zurückgreifen konnte.
Meine Planungsarbeit konnte also beginnen und mir wurde schnell klar, daß ich anders arbeiten mußte, als etwa bei meinem ersten Versuch im Fach Deutsch. Hier galt es *ein* umfangreiches Thema mit seinen vielfältigen Aspekten zu strukturieren und *nicht* Material für *Lernbereiche* (wie z. B. Rechtschreibung, Grammatik, Freies Schreiben) zu sichten und/oder zu erstellen. Dieser Strukturierungsprozeß bereitete keine besonderen Schwierigkeiten, zumal es mir aufgrund der umfangreichen Materialsammlung recht problemlos gelang, eine große Auswahl an geeigneten Quellentexten und Bildmaterialien zusammenzustellen.
Die erste Hürde, das Sammeln des Materials, war somit geschafft. Die nächsten Überlegungen galten
• der genauen Festlegung der Teilthemen,
• der Auswahl von Inhalten für die Planung von Einführungsstunden zur Vermittlung von Grundwissen,
• der Abklärung der Anzahl der Pflichtthemen bzw. des individuellen

Aufgabenumfangs für die einzelnen Schüler und Schülerinnen,
- dem Nachdenken über sinnvolle Möglichkeiten der Kontrolle und Beratung,
- der abwechslungsreichen Aufbereitung des Materials in einer Weise, die von Anfang an genügend Freiraum für unterschiedliche Begabungen und Neigungen schafft. (So sollten die Schüler/innen entsprechend ihren Vorstellungen zwischen eher sachbezogenem, phantasievollem oder zeichnerischem Umgang mit dem Material wählen),
- der Erkundung von Anregungen zur selbständigen Erarbeitung zusätzlichen Unterrichtsmaterials durch einzelne Schüler/innen bzw. Schülergruppen.

Viel Sorgfalt verwendete ich auch auf eine möglichst ökonomische Unterrichtsorganisation. Die auch und gerade im Rahmen offenerer Unterrichtsformen notwendige Erarbeitung von Lernbedingungen und Absprachen sollten viel Raum für eigene inhaltliche Schwerpunkte lassen und nicht von vornherein durch ein Zuviel an Pflichtaufgaben die Eigeninitiative einschränken. Zudem sollten die Schüler/innen der Stammgruppe ihre jeweiligen Themenbereiche für eine Woche im voraus auf einer großen Übersicht (Wandplakat) festlegen, die im Stammgruppenraum aushing. (Änderungen müssen dabei zwar generell möglich sein, sollten aber die Ausnahme bleiben.) Außerdem wurde über jede Stunde von den einzelnen Schülern und Schülerinnen ein Kurzprotokoll angefertigt, dessen inhaltliche Richtigkeit ich durch Unterschrift bestätigte.

Ein sehr wichtiges neues Element war der einmal in der Woche vorgesehene Berichtskreis, in dem ich eine Übersicht über den individuellen Stand der Arbeit innerhalb der Stammgruppe bekommen konnte. Die den Schülern bereits bekannten Regeln und Absprachen der Übungs- und Freiarbeitsstunden wurden für die Wochenplanarbeit übernommen. Das gilt in besonderem Maße für die beiden folgenden Festlegungen: einmal angefangene Arbeiten werden zu Ende geführt. Gegenseitige Hilfe ist förderlich, darf aber nicht zu unangemessener Beeinträchtigung kontinuierlicher Arbeit anderer Schüler/innen führen.

Die Unterrichtseinheit „Industrielle Revolution" wurde von mir in sechs Themenbereiche untergliedert, die im folgenden aufgelistet sind:
- das Leben der Arbeiter (u. a. Vergleich mit anderen Bevölkerungsgruppen),
- die Kinderarbeit,
- Erfinder und Erfindungen,
- die Entwicklung des Verkehrswesens,
- Sozialreformer und Sozialrevolutionäre sowie
- die Entwicklung der Städte.

Die Schüler **mußten** Aufgaben zu den Themen „Leben der Arbeiter", „Kinderarbeit" und „Verkehrswesen" bearbeiten. Damit waren die Pflichtbereiche benannt. Diese Themen habe ich u. a. deswegen ausgewählt, weil nach meinen bisherigen unterrichtlichen Erfahrungen der emotionale Zugang zu diesen Inhalten für die Schüler/innen besonders ausgeprägt ist; zumindest in zwei Bereichen (Leben der Arbeiter/Kinderarbeit) ist zudem in besonderer Weise emotionale Betroffenheit herstellbar, sind Identifikationsmöglichkeiten gegeben. Außerdem bieten sich hier vielseitige Impulse für einen räumlichen und zeitlichen Transfer (z. B. Gegenwartsbezug) an. Der Themenbereich „Entwicklung des

42

Verkehrswesens" erschien mir ebenfalls motivierend und zur inhaltlichen Abrundung sinnvoll. Genau das Gleiche gilt für das Thema „Sozialreformer und Sozialrevolutionäre". Bezüglich der Inhalte zum Bereich „Entwicklung der Städte" war mir von Anfang an klar, daß nur ein Teil der Stammgruppe sich daran wagen wird, weil es einmal stofflich sehr umfangreich war und trotz des sehr ansprechenden Bildmaterials doch viel strukturelles Denkvermögen, gute Beobachtungsgabe und Ausdauer verlangte.

Was den Themenbereich „Erfinder und Entdecker" anging, war ich mir ziemlich sicher, daß er nahezu alle Schüler/innen ansprechen würde. Als zusätzliche Anregung zur Beschäftigung mit diesem Gebiet waren zwei Einführungsstunden (*James Watt* und *Louis Pasteur*) vorgesehen. Weitere traditionelle Unterrichtsstunden waren bezüglich des Inhaltes „Kinderar-

beit" und hinsichtlich der Einführung des Teilthemas „Verkehrswesen" geplant.

Im Hinblick auf die Themengebiete „Kinderarbeit", „Erfinder und Entdecker" und „Entwicklung der Städte" war das Material von vornherein so angelegt, daß die Schüler/innen selbständig Arbeitsaufträge erstellen, eigene Arbeitsblätter entwerfen und anregende Rollenspiele schreiben konnten.

Mir war von der Erfahrung der Übungs- und Freiarbeitsstunden her klar, daß das Material möglichst eindeutig und klar, anschaulich, abwechslungsreich und übersichtlich sein sollte. Weiterhin war mir schon aus Gründen der Vorentlastung wichtig, das Material so anzulegen, daß die Schüler/innen ihre Lösungsvorschläge und -wege möglichst selbständig überprüfen konnten.

Da die Materialmappe des Freiarbeits-

43

verlages glücklicherweise sehr abwechslungsreiche, handlungsorientierte Arbeitsblätter, ein erfindungsreiches Spiel und vieles mehr enthielt, konnte ich mich auf das Bild- und Quellenmaterial sowie auf Arbeitsblätter zur Festigung und Wiederholung konzentrieren. Um zu verhindern, daß es bei der Arbeit mit dem Material zu Engpässen kommt, entwickelte ich ganz bewußt Arbeitsaufträge, die nur in der Schulbücherei erledigt werden konnten. Eine weitere Entlastung bedeutete auch die Einbeziehung von Jugendbüchern zu meinen Unterrichtsinhalten, die ich aus meinem eigenen Bestand zur Verfügung stellte.

Der von allen zu leistende Aufgabenumfang wurde von mir ganz bewußt nicht festgelegt, da ich zum einen Zutrauen zur Arbeitshaltung der Stammgruppe haben durfte und zum anderen

notfalls immer noch regelnd eingreifen konnte, wenn einzelne Schüler/innen oder -gruppen sich festgefahren haben sollten oder es aus anderen Gründen nicht recht lief.

Im Rückblick auf meine Erfahrungen mit der Wochenplanarbeit im Fach Geschichte möchte ich zunächst betonen, welche zunehmende Bedeutung der wöchentlich stattfindende Berichtskreis spielte. Er war von mir zu Beginn als Instrument der Zusammenführung der verschiedenen Arbeiten und vor allem als Kontrolle gedacht. Daß sich aus diesem Instrument ein entspanntes Kommunikationsforum entwickeln sollte, in dem die Teilnehmer/innen einander zuhörten, Erfahrungen beim Umgang mit dem Material austauschten, Empfehlungen abgaben, Ergebnisse vorstellten, kritisch Stellung bezogen, Anregungen gaben und aufnahmen, war von mir in

diesem Ausmaß nicht vorausgesehen worden.

Auffällig war auch der Wunsch der Stammgruppe nach intensiver Nutzung dieses Forums. Die wachsende Sicherheit vieler Schüler und Schülerinnen beim Vorstellen ihrer Ergebnisse, der sich zunehmend bessernde Umgangston untereinander, das mit Lob und aufbauender Kritik an Arbeitsweisen und Ergebnissen nicht sparende Verbalverhalten, all dies war eine angenehme Überraschung und eine Ermutigung für mich. Meine Rolle beschränkte sich aufgrund der geschilderten Entwicklung immer mehr auf die der Moderation, des Eingehens auf Materialwünsche, des abwägenden Beratens bei noch nicht durchdachten Vorschlägen und auf die Impulsgebung beim Suchen von Lösungen. Der Kritikerrolle dagegen war ich nahezu völlig enthoben, die übernahmen die Mitschülerinnen und -schüler für mich.

Spannend und faszinierend fand ich in dieser Zeit auch die unterschiedliche Schwerpunktbildung der einzelnen Schülerinnen und Schüler innerhalb der vorgegebenen Themenbereiche, den ideenreichen Umgang mit dem Material sowie die aktive Beteiligung vieler Schüler beim Erstellen eigener Arbeitsvorlagen. Sie setzten — bewußt oder unbewußt — mit manchmal traumwandlerischer Sicherheit ihre persönlichen Stärken ein. Viele arbeiteten ausgesprochen gern mit dem umfangreichen Bildmaterial, während einige gerade von den Quellentexten stark angesprochen wurden.

Natürlich macht Unterricht mehr Spaß, wenn die Begeisterung beim Arbeiten atmosphärisch mit den Händen greifbar ist oder in Kommentaren deutlich wird. Die Schülerinnen und Schüler kamen in dieser Zeit der Wochenplanarbeit nahezu immer mit Vorfreude, Aufnahmebereitschaft und gespannter Erwartungshaltung in die Geschichtsstunden. Wie sehr ihnen diese neue, ungewohnte Art des Arbeitens Spaß gemacht hat, zeigte sich u. a. auch darin, daß sich viele auch in den Übungs- und Freiarbeitsstunden weiterhin mit der „Industriellen Revolution" beschäftigen wollten. Für mich selbst war es wichtig, Unsicherheiten auszuhalten, die sich u. a. daraus ergaben, daß ein Teil der Schülerinnen und Schüler innerhalb der gewählten Themenbereiche nicht brav Steinchen für Steinchen hintereinander bearbeitete, sondern recht munter zwischen den Teilthemen sprang. „Wie soll das denn nur alles zu einem geordneten Bild zusammenkommen?" das fragte ich mich zu Anfang oft. Zum Glück war meine Sorge jedoch unbegründet, wie die endgültigen Ergebnisse auf teilweise eindrucksvolle Weise darlegten. Im Rückblick kann ich mit Genugtuung feststellen, daß es sich gelohnt hat, über den eigenen Schatten zu springen und nicht zu früh in das Schaffen der einzelnen Schüler/innen und -gruppen bestimmend und einengend einzugreifen.

Als angenehm empfand ich ebenfalls das mir aufgrund der weitgehenden Vorentlastung verstärkt mögliche Eingehenkönnen auf einzelne und das Zeithaben für die Fragen der Schüler/innen. Ebenso entfielen nahezu völlig die sonst gelegentlich notwendigen üblichen Ermahnungsrituale. Die Materialabsprachen innerhalb der Lerngruppe gingen zunehmend reibungslos vonstatten, wenn auch manchmal Wartezeiten in Kauf genommen werden mußten, die aber nicht zu größerer Unruhe führten.

Auch wenn ein Teil der zusätzlichen

Motivation dem Reiz des Neuen zugeschrieben werden muß, so läßt sich doch sagen, daß auch die Wochenplanarbeit in nur einem Fach neben anderen Formen des offeneren Unterrichts erheblich dazu beitragen kann, die Verschulung der Schule aufzubrechen und unnötigen Verkrustungen entgegenzuwirken. Der einerseits notwendige planerische Mehraufwand führt andererseits zu einer beträchtlichen Entlastung im Unterricht, zu einer entspannten und streßfreieren Arbeitsatmosphäre, von der alle Beteiligten profitieren. Mit anderen Worten: *es lohnt sich.*

Literatur

„Barmi" − von der ersten Siedlung bis heute, Nürnberg 1990.
Curie, E., Madame Curie, Frankfurt 1987.
Ebeling/Birkenfeld, Die Reise in die Vergangenheit, Ausgabe N, Bd. 2, Braunschweig 1986.
Ebeling/Birkenfeld, Die Reise in die Vergangenheit, Band 3, Braunschweig 1986.
Graßmann, S., Zeitaufnahme, Bd. 2, Braunschweig 1981.
Grütter, K., Ryter, A., Stärker, als ihr denkt, München 1991.
Jackwerth Ch., Rüger, E., I ♡ Geschichte: Industrialisierung, Lichtenau.
PRAXIS GESCHICHTE (Zeitschrift), 1/1988, verschiedene Aufsätze.
Pelgrom, E., Umsonst geht nur die Sonne auf, München 1990.

Ulrike Jürgens

Differenzierung durch freie Arbeit − Utopie oder Wirklichkeit?

Lassen Sie uns gemeinsam einen Blick in eine Grundschulklasse werfen: Hier arbeiten 25 Kinder zur selben Zeit an Inhalten aus verschiedenen Fächern, mit unterschiedlichen Materialien, in verschiedenen Sozialformen − allein, zu zweit, in einer Gruppe. Gelegentlich steht ein Kind auf, geht zu den Regalen mit Materialien, bringt etwas weg oder holt sich etwas Neues. Entsprechend den unterschiedlichen Aktivitäten ist es in dieser Klasse zwangsläufig unruhiger als in einer frontal auf die Lehrkraft ausgerichteten Lerngruppe. Es ist aber keine störende Unruhe, eher eine, die von Geschäftigkeit zeugt, eine produktive Unruhe.

In dieser Klasse gibt es natürlich auch eine Lehrerin, aber nicht in der gewohnten Rolle. Sie läßt sich in der Leseecke von einem Kind etwas vorlesen; oder sie zeigt einem Kind, das eine Geschichte schreibt, auf Wunsch die Schreibweise eines noch unbekannten Wortes; oder sie klärt in einer Gruppe einen Dissens über die Regeln eines Lernspiels; oder oder oder . . . Sie könnte auch überhaupt nicht anwesend sein, und die Kinder würden trotzdem arbeiten − jedes auf seine Art, jedes in seinem Tempo.
Utopie oder Wirklichkeit? Diese Klassensituation ist keine Utopie, aber auch nicht die Wirklichkeit, vielmehr

46

eine Wirklichkeit an bundesdeutschen Grundschulen, eine zunehmende Wirklichkeit, die inzwischen auch die Schulen der Sekundarstufe erreicht.

Differenzierung — oder mehr?

Mit welcher Art von Unterricht haben wir es hier zu tun? Er weist Elemente eines binnendifferenzierten, ja beinahe individualisierten Unterrichts auf. Was der Beobachter dieser Klassensituation zunächst nicht feststellen kann: Nicht die Lehrerin hat jedem einzelnen Kind vorher gesagt, was es, ggf. mit wem, in einer vorgegebenen Zeit bearbeiten soll. Nein, die Kinder haben sich für die verschiedenen Inhalte und Verfahren entschieden, aus dem zur Verfügung stehenden Angebot ausgewählt. (Nebenbei bemerkt: In dieser Klasse wird kein Schüler/keine Schülerin sagen: „Ich bin schon fertig. Was soll ich jetzt machen?" In dieser Situation wählt das Kind selbständig eine neue Aktivität.)

Beim differenzierenden Unterricht stellt die Lehrkraft den Lernstand ihrer Schüler und Schülerinnen im Hinblick auf die Lernziele fest und bietet für einzelne Kinder oder Lerngruppen, die noch mehr oder weniger weit von einem Lernziel entfernt sind, gezielt Übungen an. Bei der freien Arbeit dagegen stellt die Lehrerin im Klassenraum Materialien zur Verfügung, die einen Bezug zu den Lerninhalten und zu den unterschiedlichen Ausgangslagen der Kinder haben. Aus diesen Materialien müssen die Kinder

auswählen: Sie bestimmen die Inhalte, die Wege und Mittel (Buch, Arbeitsblatt, Lernkartei, Spiel...?), die Zeit (Wann? und Wie lange?), die Sozialform und den Arbeitsplatz (innerhalb des Klassenraums und manchmal auch an Tischen vor der Klasse).

Wie frei ist die freie Arbeit?

Bei der freien Arbeit entscheiden die Kinder frei über Inhalte und Tätigkeiten, Wege und Mittel, über Sozialform und ggf. Partner, über Zeit und Reihenfolge, über den Arbeitsplatz. Entscheiden müssen sie sich aber. Sie sind nicht so frei, daß sie auch nichts tun könnten. Und sie können nur wählen innerhalb eines organisatorischen Rahmens sowie aus den vorhandenen Materialien. Ihr Freiraum endet da, wo sie Mitschüler und Mitschülerinnen stören und einengen.

Die Lehrkraft nimmt Einfluß auf das Lernen der Kinder durch das Material, das sie bereitstellt, und nutzt dadurch die Möglichkeit, Phasen des enger geführten Unterrichts und Phasen der freien Arbeit aufeinander zu beziehen, füreinander nutzbar zu machen. Eine noch gezieltere Steuerung ist möglich durch das Aufstellen von Plänen — anfangs Tagesplänen, später Wochenplänen —, die für alle Kinder ein Pflichtprogramm ausweisen und daneben einige Wahlaufgaben anbieten. Die freie Wahl der Inhalte und Tätigkeiten wird damit eingeschränkt. Es bleibt aber die Aufgabe, sich die Zeit einzuteilen, Partner und Arbeitsplatz zu wählen. Das, was als freie Arbeit bezeichnet wird, ist häufig oder zum großen Teil Wochenplanarbeit, die der Lehrkraft eine engere Verbindung zwischen gelenktem Unterricht und freier Arbeit ermöglicht.

Was fordert freie Arbeit von der Lehrkraft?

Freie Arbeit bedeutet eine Verlagerung des Arbeitsaufwandes in die Vorbereitung: Materialien müssen zur Verfügung gestellt werden, d. h. häufig erst erarbeitet werden, Tages- und Wochenpläne müssen entwickelt werden. Das setzt voraus, den Lernstand der einzelnen Kinder zu erfassen, ihre Lernentwicklung zu verfolgen. Daneben wollen die Schülerarbeiten, die in der freien Arbeit entstehen, gewürdigt sein. Das alles erfordert zunächst einmal viel Zeit.

Andererseits wird die Lehrerin frei vom Unterrichten, frei für die individuelle Beratung, frei für die Beobachtung einzelner Kinder. Und wenn freie Arbeit gut in einer Klasse funktioniert, wird sie belohnt durch das selbständige Arbeiten ihrer Schüler und Schülerinnen. Es läßt sich aber nicht verhelen: freie Arbeit fordert die Lehrkraft nicht nur anders, sondern — besonders am Anfang — auch mehr als im traditionellen Unterricht.

Der entscheidende Punkt ist jedoch nicht die Mehrbelastung, sondern die veränderte Rolle: In der freien Arbeit ist der Lehrer / die Lehrerin nicht mehr die Person, die den Unterrichtsverlauf bestimmt, nicht mehr die Person, die als einzige Wissen vermittelt, nicht mehr die einzige Kontrollinstanz, kurz: nicht mehr die alleinige Unterrichtsautorität. Er/sie muß sich zurücknehmen, damit die Kinder sich in diesem Freiraum auch wirklich entfalten können.

Das hat keiner in seiner Ausbildung gelernt! Die Erkenntnis: Die Kinder arbeiten auch ohne mich, sie brauchen mich in dieser Phase gar nicht, ist für manche Lehrpersonen nur schwer zu akzeptieren.

48

Welche Anforderungen sind an Materialien zu stellen?

Zweifellos sind Materialien, die für eine bestimmte Unterrichtssituation entwickelt werden, besonders adressaten- und zielgerecht. Bei dem Aufwand jedoch, der mit der Entwicklung eigener Arbeitsblätter, Karteien, Spiele verbunden ist, ergeben sich zwei Hauptgefahren: Lehrer und Lehrerin sind — häufig mit der ganzen Familie — mit der Erarbeitung von Materialien beschäftigt, drohen in diesem Aktionismus unterzugehen und vernachlässigen dabei andere Aspekte der freien Arbeit (Beobachtung, Beratung, Unterrichtsreflexion mit den Schülern usw.).

Außerdem zeigt die Erfahrung, daß selbst entwickelte Materialien nicht immer bis ins letzte durchdacht sind, z. B. Lösungen nicht eindeutig sind oder auch Fehler beinhalten. Nachdem das Verlagsangebot für die freie Arbeit in den letzten Jahren immer größer geworden ist, dabei aber längst nicht alles brauchbar oder seinen Preis wert ist, erscheint es viel wichtiger, Kriterien für die Auswahl zu entwikkeln und sich aus Halbfertigangeboten ggf. klassenspezifische Materialien zu erstellen.

Einige übergreifende Kriterien seien genannt:

- Die Materialien müssen selbständig zu bearbeiten sein (Aufgaben verständlich formuliert und lösbar, Spielregeln nachvollziehbar und eindeutig).

- Die Materialien müssen Selbstkontrolle ermöglichen (Lösung z. B. auf der Rückseite der Karteikarte, beim Spiel durch das Entstehen eines Musters).

- Eine Einheit des Materials muß zeitlich überschaubar sein (z. B. ein Arbeitsblatt, eine Karteikarte auch von einem langsamen Schüler in 20 Minuten zu bearbeiten — und zu kontrollieren sein).

- Die Materialien sollten selbständiges, handelndes Lernen ermöglichen, um die Vorteile des Mehrkanallernens zu nutzen und dem Bewegungsdrang von Grundschulkindern entgegenzukommen (großformatige Anlegespiele, Laufdiktate . . .).

- Die Materialien sollten verschiedene kognitive Stufen und möglichst viele Schwierigkeitsstufen abdecken (Materialien aus dem vergangenen und auch aus dem nächsthöheren Schuljahr in das Angebot integrieren).

- Die Materialien sollten nach einem einfachen Ordnungsprinzip gegliedert sein (z. B. über Farben oder Symbole, damit die benutzten Blätter, Karten und Spiele wieder richtig einsortiert werden können).

Als Materialien bieten sich Lernkarteien und Lernspiele an, Arbeitsblätter, die aus Kopiervorlagen von Lehrerbänden oder z. B. der Zeitschrift PRAXIS GRUNDSCHULE inklusive Lösungsbogen aufbereitet werden; daneben sollten Schulbücher und Kindersachbücher als Nachschlagewerke nicht fehlen. Besonders kostengünstig und darüber hinaus flexibel nutzbar sind Halbfertigprodukte, die erst aufbereitet werden müssen. Dafür können ältere Schüler und auch Eltern aktiviert werden, oder interessierte Kollegen und Kolleginnen gründen eine Arbeitsgemeinschaft, in der Materialien erarbeitet und ausgetauscht werden und die auch eine Verständigung über Probleme mit der freien Arbeit besonders am Anfang ermöglicht.

Welche Konsequenzen hat freie Arbeit für die Lernenden?

Es ist nicht selbstverständlich, daß Schüler und Schülerinnen den Freiraum, den ihnen freie Arbeit bietet, von Anfang an nutzen. Sich zu entscheiden, aus einem Angebot auszuwählen, sich seine Zeit einzuteilen — das alles will gelernt sein. Freie Arbeit setzt Eigenverantwortung (nicht schummeln, sorgfältige Selbstkontrolle) ebenso voraus wie Fremdverantwortung (Rücksicht nehmen, anderen helfen, zurückstecken können).

Nicht zuletzt ist die Beherrschung von Arbeitstechniken unerläßlich für das selbständige Lernen. Für die Entwicklung dieser Fähigkeiten und Fertigkeiten brauchen die Kinder teilweise sehr viel Zeit. Es ist eine Entwicklung in kleinen Schritten, die unterstützt werden kann durch regelmäßigen „Unter-

richt über Unterricht" im Rahmen des Sitzkreises. Regeln, die für die freie Arbeit im Gespräch gefunden, selbst formuliert und niedergeschrieben werden, werden besser akzeptiert als die Setzungen und ständigen Ermahnungen des Lehrers/der Lehrerin.

Die entscheidende Konsequenz für die Kinder ist jedoch in ihrer Zukunft zu sehen: Wenn wir es schaffen, die Jungen und Mädchen in der freien Arbeit zu selbständigem, selbstverantwortetem Lernen zu bringen, haben wir ihnen ein wesentliches Rüstzeug für Studium und Beruf mitgegeben: sich Ziele setzen, sich entscheiden, Prioritäten setzen, Arbeitstechniken anwenden, sich selbst kontrollieren, die Zeit einteilen...

Diese Fähigkeiten sind die Voraussetzung dafür, sich auf neue Situationen, auf neue Aufgaben einstellen zu können. Und das ist ungleich wichtiger als weiteres Faktenwissen, das mit der

Zeit verblaßt oder veraltet — und ohnehin nachschlagbar ist. Im Hinblick auf dieses übergeordnete Ziel kann der Wert der freien Arbeit für die Qualifizierung der Schüler und Schülerinnen nicht hoch genug eingeschätzt werden.

Freie Arbeit ohne Einschränkung?

Die Vorzüge sind unübersehbar: Freie Arbeit ermöglicht eine optimale Differenzierung, stellt die Schüler als Subjekte in den Mittelpunkt des Unterrichts. Freie Arbeit macht aus den Kindern selbständig denkende und arbeitende, lebenstüchtige Menschen. Da liegt der Schluß nahe: Unterricht ist um so besser, je mehr freie Arbeit er ermöglicht. Freie Arbeit als die bessere Form des Unterrichts also? Nein! Aber freie Arbeit als Bereicherung des Unterrichts.

Guter Unterricht besteht aus offenen (schülerzentrierten) und geschlossenen (lehrergelenkten) Phasen. Beides ist notwendig, beides ergänzt sich. Nicht alles können die Kinder selbst entdecken; vieles muß zumindest so weit vorbereitet werden, daß es entdeckt werden kann. Ob und wie weit die Lehrerin/der Lehrer ihren/seinen Unterricht öffnet, ist nicht zuletzt eine Frage des Unterrichtsstils, der Persönlichkeit. Und auch die gilt es zu akzeptieren. Von daher wird freie Arbeit immer eine Wirklichkeit an unseren Schulen bleiben, eine wünschenswerte und förderungswürdige Wirklichkeit — die sich aber nicht verordnen läßt.

Dieser Beitrag ist auch in GRUNDSCHULE, Heft 2/93, erschienen.

Stichwort: Leseecke

Was gehört dazu?
- Kinder- und Bilderbücher
- Sachbücher
- Nachschlagewerke, Wörterbücher

Aufbau einer Leseecke
- Leihgaben von Eltern
- Geschichtenbücher (dieser/anderer Klassen)
- Lesedidaktisch aufbereitete Taschenbücher, z. B. die Reihen „Erstlesebuch", „LiLaLeseratz" und „Leseprofi" von Arena

Auswahlkriterien für Bücherkauf
- überschaubare, in sich abgeschlossene Kapitel (Motivation!)
- großer Schriftgrad und großer Zeilenabstand (Zeile „halten")
- kurze Zeilen in Sinnschrittgliederung (sinnerfassend lesen)

Stichwort: Freies Schreiben — und die Rechtschreibung?

Fehler vermeiden
- Wörterliste an der Tafel (bei gemeinsamem Thema aus Unterrichtsgespräch entstanden)
- im Leselehrgang / Wörterheft / Wörterbuch nachschlagen
- „Rechtschreib-Auskunft" (besetzt von guten Rechtschreibern)
- Lehrer/in fragen, Lehrer/in schreibt Wort an die Tafel oder auf einen bereitliegenden Zettel

Fehler verbessern
- nur in Texten, die „veröffentlicht" werden (Geschichtenbuch, Aushang)
- Erinnerung an Schreibweise bekannter Wörter
- Information über Schreibweise unbekannter Wörter

- Korrektur in Bleistiftvorlage durch Radieren und Ersetzen
- Korrektur in Tintenvorlage durch sauberes Durchstreichen und Darüberschreiben (großer Zeilenabstand)
- ggf. Abschrift (und Gestaltung) für „Veröffentlichung"

Ergebnisse
- Kinder schreiben viel.
- Kinder schreiben gern.
- Kinder entwickeln Rechtschreib-Sensibilität.

Stichwort: Arbeitsblätter

Anforderungen
- selbständig bearbeitbar
- mehr als Ausfüllen einiger Lücken
- in 15—20 Minuten auch von langsamen Kindern fertigzustellen

Quellen für Arbeitsblätter
- eigene Produktion
- Kopien aus Zeitschriften, z. B. PRAXIS GRUNDSCHULE
- Kopien aus Lehrerbänden mit Kopiervorlagen
- Arbeitshefte

Organisation
- Ordner
- Hängeregistratur (geordnet nach Fächern/Lernbereichen)

Selbstkontrolle
- Lösungsblatt gesondert
- oder: Lösungsblatt auf der Rückseite
- Lösungsblatt evtl. auf andersfarbigem Karton

Stichwort: Lernkartei

Anforderungen
- selbständig bearbeitbar
- eine Karte in ihren Basisaufgaben in 15 — 20 Minuten auch von langsamen Kindern fertigzustellen

Organisation
- Karteikasten oder passender Karton (z. B. Seifenpulver)
- Bearbeitungsbogen für Schüler- und Lehrerkontrolle
- Minimum: 1 Kartei/Klasse; ideal: 1 Kartei/Lerngruppe (Tisch)

Selbstkontrolle
- immer an einer bestimmten Stelle, z. B. Rückseite der Karten (vgl. Westermann-Lernkarteien: Deutsch, Mathematik . . .)

Anschaffung
- möglichst einzeln (zum Test und gelegentlichen Ausbau)
- nicht: Karteikasten mit mehreren Sätzen einer Kartei (Preis!)

Stichwort: Lernspiele

Anforderungen
- Spielregeln vertraut (Bingo, Domino, Memory . . .) oder leicht erlernbar
- Spielregeln eindeutig
- im Deutschunterricht Berücksichtigung der Grundwortschatz-Wörter
- Würfelspiele und — auch großformatige — Anlegespiele

Organisation
- Aufbewahrung in Lebensmittelverpackungen oder in Umschlägen/Klarsichthüllen

- Spielanleitung dem Spiel zugeordnet
- Ordnung bei Anlegespielen durch unterschiedliche Farben, Formen, Symbole

Selbstkontrolle
- Rückseiten von Spielkarten
- Lösungsstreifen am Rand des Spielplans
- bei richtiger Lösung entstehende Muster (z. B. Lernen Üben Kontrollieren)
- Lösungsbogen

Anschaffung
- ausbaufähiges Spielsystem
- Halbfertigprodukte (z. B. „Lernspiele Deutsch", Westermann)
- Herstellung aus Kopiervorlagen (PRAXIS GRUNDSCHULE, Lehrerbände)

Stichwort: Materialien für Selbsttätigkeit

Anforderungen
- handelndes, selbsttätiges, spielerisches Lernen
- Möglichkeiten für Bewegungsdrang der Kinder

Beispiele
- Diktatdose für Eigendiktat
- Diktattasche für Eigendiktat
- Satzstreifen für Würfeldiktat
- Satzstreifen für Laufdiktat
- Würfel für Nomen-Artikel-Spiele
- Satzglieder-Spiele
- 1. Schuljahr: Zauberbücher, Klapptafeln, Leporellos ... für Syntheseübungen

Stichwort: Tages- und Wochenpläne

Anlage des Plans
- überschaubar (Kinder müssen sich orientieren und entscheiden können)
- ohne Streß für alle – auch langsame – Kinder leistbar
- ansprechende Gestaltung (Symbole)
- Unterscheidung zwischen Pflicht- und Wahlaufgaben
- 2 Kästchen/Spalten zum Abhaken (für Kind und Lehrer/in)
- an der Tafel (Tagesplan) oder Blatt für jedes Kind (Wochenplan)

Inhalte des Plans
- Übung/Wiederholung, aber auch Vorbereitung neuer Themen (z. B. aus dem Sachunterricht)
- Aufgaben selbständig durchführbar
- Materialien mit Möglichkeit zur Selbstkontrolle

Organisation
- Wochenplan an dem Tag beginnen, an dem man viele Stunden in der Klasse ist
- Plan im Morgenkreis besprechen
- Wochenplan in Plastikhülle auf den Tischen
- Gespräch über Unterricht auch nachher: Was lief (nicht) gut?
- gemeinsam Regeln aufstellen
- Lehrerhilfe nur auf Anforderung
- Lehrerkontrolle: fertige Arbeiten fächerspezifisch in Ablagekästen ablegen
- Schülerverantwortung für die Materialien; alle Materialien haben ihren Platz

aus Claussen

Wochenplanunterricht in der Grundschule

Wochenplanarbeit und Grundschulunterricht werden seit einiger Zeit in enger Beziehung zueinander gesehen. Zunehmend gilt dabei Wochenplanarbeit als Gradmesser für Qualität, als Gütezeichen.

Der Grundschulunterricht, der in Verbindung mit dem Wochenplanunterricht gebracht wird, wird üblicherweise als „offen" bezeichnet. Gemeint ist damit ein Unterricht, der sich zu den Lernprozessen der Kinder hin öffnet (vgl. *Kasper* 1989, *Wallrabenstein* 1990) und dementsprechend binnendifferenziert und zieldifferent sein soll. Individualisierung einerseits und gemeinsame Unterrichtsfelder (z. B. Projekte) mit unterschiedlichen Zugängen, Lernwegen und -ergebnissen andererseits sind die didaktischen Stichworte. Die Kinder sollen aktiv und selbständig handelnd lernen können. Es gilt die Erkenntnis, daß nicht alle Kinder zur gleichen Zeit die gleichen Aufgaben bewältigen bzw. die gleichen Lernschritte gehen können. Der weithin übliche Frontalunterricht soll auf ein funktional genau definierbares Maß zurückgedrängt werden.

Wochenplanarbeit (künftig WP-Arbeit abgekürzt) kann für jeden Lehrer und für jede Lehrerin ein flexibel einsetzbares Hilfsmittel sein, um diesen Ansprüchen zu genügen bzw. sich diesen Ansprüchen an Unterricht anzunähern: WP-Arbeit ist ein unterrichtsorganisatorisches Konzept mit verhältnismäßig weitreichenden Folgen (vgl. *Mangelsdorf/Claussen* 1989).

Zu den weitreichenden Folgen für den mit Hilfe des WP organisierten Unterrichts gehört z. B. folgendes: Es müssen spezifische materielle Voraussetzungen für das binnendifferenzierte Lernen geschaffen werden. Arbeits-, Übungs- und Lernmaterialien (z. B. Karteien mit immanenten Absichten und spezifischen Strukturen), Arbeitsmittel müssen nach und nach beschafft, verfügbar gemacht bzw. zusammen mit den Kindern erstellt werden.

Räumliche Voraussetzungen und lernförderliche räumliche Strukturen/ Veränderungen müssen bedacht bzw. geschaffen werden (z. B. frei zugängliche Lern- und Übungsangebote/Materialien in Regalen, Dokumentationsflächen usw.). Kommunikations- und Ordnungssysteme müssen im Klassenraum entwickelt, aufgebaut, erarbeitet, erklärt und auch durchgehalten werden.

Lern- und Arbeitsverfahren und sorgfältig abgestimmte soziale Regelungen müssen mit den Kindern entwickelt und eingeübt werden (z. B. selbständiges Arbeiten, Prüf- und Selbstkontrollverfahren usw.). WP-Arbeit kann kurz so beschrieben werden: Die Kinder einer Klasse erhalten zu Beginn einer überschaubaren Zeiteinheit (Woche, halbe Woche, die montags oder auch mittwochs beginnen kann) einen

54

schriftlichen Arbeitsplan. Jedes Kind bekommt seinen eigenen Plan, auch wenn dieser zunächst mit den Plänen aller anderen Kinder identisch ist. Der Arbeitsplan enthält spezifische Aufgaben aus verschiedenen Lernbereichen/Fächern und verweist die Kinder auf Arbeitsmaterialien (z. B. ein Wortkartenspiel), auf eingeführte Lehrbücher (z. B. auf das Sprachbuch oder das Rechenbuch), auf vorhandene Karteien (z. B. eine selbstgeschaffene Rechtschreibkartei) oder auf zusätzlich angefertigte Arbeitsblätter bzw. auf eine Ideenkartei usw.

Als günstig hat sich (im Zusammenhang mit dem WP als „Einstiegsmodell") erwiesen, täglich eine Unterrichtsstunde für WP-Arbeit anzusetzen und diese den Anforderungen der Stundentafel entsprechend zu „verrechnen": enthält der WP z. B. Aufgaben aus Deutsch, Mathematik oder Sachunterricht, so können die pro Woche vorgesehenen Zeitanteile dieser Lernbereiche entsprechend (aber ohne jeden Mechanismus) verringert werden.

Die Kinder arbeiten in der WP-Zeit selbständig nach den Vorgaben ihres Arbeitsplans. Sie entscheiden selbst − wenn der Plan hier keine Festlegungen enthält −, ob sie alleine, mit einem Partner oder in einer kleinen Gruppe arbeiten wollen. Die verschiedenen Möglichkeiten von differenzierender Hilfe, Anleitung, Bestätigung und Korrektur − eins der wesentlichen Merkmale von Binnendifferenzierung − nehmen die Kinder nur dann in Anspruch, wenn sie sich für sie als notwendig und förderlich erweisen (und folgen dabei dem sog. „Instanzenzug" mit dem Lehrer/der Lehrerin als letzter „Instanz").

Über die Reihenfolge der Bearbeitung ihrer Aufgaben entscheiden die Kinder selbst − Zeiteinteilung ist ihre eigene Aufgabe und Verantwortung. Ist eine Arbeit abgeschlossen, wird sie, wenn das möglich ist, vom Kinde selbst kontrolliert und jeweils auf dem eigenen Plan entsprechend markiert. Wochenpläne werden zunächst vom Lehrer/von der Lehrerin vorgegeben (daher „Einstiegsmodell"); nach und nach sollen jedoch die mit ihnen arbeitenden Kinder lernen, an der Erstellung von Wochenplänen aktiv mitzuwirken und Eigeninitiative zur Ausgestaltung von Unterricht zu entwickeln bzw. auch selbst Verantwortung dafür zu übernehmen.

Damit ist als eine erste und hauptsächliche Entwicklungsperspektive die zunehmende Selbständigkeit der Kinder beim Lernen angedeutet, die folgerichtig das „Einstiegsmodell" des WP verändern wird. Lehrerinnen und Lehrern kann das „Einstiegsmodell" des WP zum „Ausstieg" aus eng geführtem Unterricht verhelfen; die Entwicklung ihrer veränderten Professionalität kann synchron zur Selbständigkeitsentwicklung der Kinder jener Klasse/Lerngruppe verlaufen, mit denen „Ausstieg" und „Einstieg" praktiziert werden.

Nach allgemeiner Auffassung und aufgrund einer breiten Erfahrungsbasis ist es ein durchaus erreichbares Ziel für die Grundschule (und könnte es in vermehrtem Maße in der Sekundarstufe werden), daß Wochenpläne, die von den Kindern gemäß ihrer jeweils gewonnenen Selbständigkeit mitgestaltet und in den dafür spezifisch eingerichteten offenen Rahmenangeboten oder Angebotsfeldern auch inhaltlich mitentschieden wurden, folgende Aufgabenkategorien enthalten könnten:

● vorgegebene Pflichtaufgaben, die prinzipiell für alle Kinder verbindlich

sind, zu deren erfolgreicher Bearbeitung aber differenzierende Hilfe und Unterstützung von seiten des Lehrers/der Lehrerin oder anderer Kinder ständig verfügbar und abrufbar sein muß;

• vorgegebene oder gemeinsam festgelegte Wahlpflichtaufgaben, aus deren im Plan vorgegebener Anzahl (z. B. fünf) eine individuell oder gemeinsam bestimmte oder eine ebenfalls (in differenzierender Absicht!) vorgegebene Anzahl (z. B. zwei) ausgewählt und bearbeitet werden muß;

• ein „vorsorglich" konzipiertes Angebot von frei auswählbaren Aufgaben, Aktivitäten und Vorschlägen für den Fall, daß in der für alle zugemessenen Zeitspanne für WP-Arbeit für einen Teil der Kinder noch Zeit übrig ist!

Dieses Angebot bezieht sich in erster Linie und überwiegend auf das schulische Curriculum bzw. Programm. (In diesem Zusammenhang wird hervorgehoben, daß dieses „vorsorgliche" Angebot nicht die einzige Gelegenheit für freie Arbeit sein darf. Es muß vielmehr für alle Kinder sichergestellt sein, daß freie Arbeit als frei wählbare Alternative gegenüber dem Pflichtteil des Curriculums für sie direkt erreichbar ist.);

• ein ebenso „vorsorglich" konzipiertes Angebot (unter den gleichen zeitlichen Bedingungen) für eigene Ideen, Neigungen, Interessen und Absichten, die sich zwar auch auf das schulische Curriculum beziehen, es aber auch aufgrund eigener Initiativen erweitern und auf selbstgewählte Lerngegenstände ausweiten können.

Wann kann man mit der Wochenplanarbeit beginnen?

Mit der Vorbereitung auf WP-Arbeit kann in der ersten Woche im ersten Schuljahr begonnen werden. Es liegen dazu genügend gesicherte Erfahrungen vor. Dieser frühzeitige Beginn soll in einer Zeitspanne, in der die Schulanfänger sich in einer neuen Institution neu orientieren und herauszufinden versuchen, „wie Schule geht", gleich und direkt signalisieren, daß es die Schule sofort mit der Erziehung zur Selbständigkeit ernst meint. Deshalb stellt der Umweg über freie Arbeit am Anfang und späteres „Umwechseln" auf Pflichtaufgaben in einem ersten WP ein falsches Signal dar. Es empfiehlt sich vielmehr der direkte Weg zum WP hin. Folgende Vorgehensweise wird für das erste Schuljahr vorgeschlagen: Anhand von Material, das die Kinder entweder aus dem Kindergarten kennen, das sie an Material aus dem Kindergarten erinnert oder das sie neu kennenlernen, werden zunächst alle Verwendungsmöglichkeiten ausprobiert (z. B. verschiedene Papierformate, Buntstifte, Bausteine, Malblätter, Knete usw.) und sorgfältig erörtert. Jedem Material wird ein deutliches Symbol zugeordnet; jedes Material bekommt einen „Ort" in der Klasse (erste Veränderungen im Raum werden dabei ersichtlich!).
Einfache und aussagekräftige Symbole können auch von Kindern „verstanden" werden, die noch nicht lesen können. Das Wiederfinden, das Holen, der Gebrauch, das Wegräumen an vereinbarte bzw. festgelegte Plätze wird Inhalt vielfältiger Übungen. Sozialformen werden (logischerweise im gleichen Zuge) bekanntgemacht, „ge-

zeigt", ausprobiert und eingeübt, d. h. Einzel-, Partner- und Gruppenarbeit werden mit geeigneten Aufgabenstellungen verbunden, sozial notwendige (erste!) Regeln werden erarbeitet. Sozialformen werden durch aussagekräftige Symbole verdeutlicht; Regeln werden (für Nichtleser!) durch Piktogramme sichtbar gemacht und − aufgrund spielerischer Einübung − mit konkreten Erinnerungen verbunden.

Nun lernen die Kinder Wahlpflichtaufgaben kennen, und zwar anhand der eingeführten, „plazierten", kurz: der bekannten Materialien und der mit ihnen verknüpften Symbole. Die Lehrerin oder der Lehrer hängt z. B. drei Symbolkarten an die Tafel und kennzeichnet an einer eigens dafür beschafften großen Uhr mit einem Klebepunkt die vorgesehene Zeitspanne (z. B. 15 bis 20 Minuten). Die Kinder werden auf den großen Zeiger aufmerksam gemacht. Alle Kinder werden aufgefordert, in der vorgegebenen Zeitspanne mit einem der symbolisierten Materialien zu arbeiten.

Die Wahlpflichtaufgaben werden vermehrt, die Zeitspanne wird vergrößert (diese Phase kann aus mehreren, kleinen Erweiterungsschritten bestehen!). In der nunmehr größeren Zeitspanne müssen mehrere Aufgaben aus einem „Pflichtkanon" ausgewählt und verbindlich bearbeitet werden.

Der Zeit- und Aufgabenumfang wird erneut deutlich erweitert; als Aufgabentyp treten verbindliche Aufgaben neu hinzu, die nicht mehr „gewählt" werden können. Die Zeit für solche Aufgaben wird auf zwei Schulvormittage ausgedehnt, d. h. an zwei aufeinanderfolgenden Tagen wird für die Kinder eine entsprechende Arbeitsphase von 20 bis 25 Minuten vorgesehen. Die Arbeitsaufträge werden am

57

ersten Tag gegeben und gelten auch für den zweiten Tag.

Der Übergang zu einem vorläufigen WP geschieht allmählich. Der WP wird zunächst auf drei Tage, dann auf die ganze Wochenfrist ausgedehnt und auf einem Plan fixiert. Für relativ kurze Zeit gilt dann ein „öffentlicher Plan"; d. h. er ist nur einmal im Klassenraum vorhanden, im Großformat für alle gut sichtbar an der Wand aufgehängt. An ihm und mit ihm wird der Umgang mit einem WP erläutert und verdeutlicht, eingeübt und stabilisiert. Ein solcher „öffentlicher Plan" kann etwa gegen Ende des ersten Vierteljahres in der ersten Klasse eingeführt werden. Er sollte aber nur so lange benutzt werden, bis die Kinder alles verstanden haben, bis sie mit solchen Plänen arbeiten können, bis ihnen die „Sache" geläufig ist.

Drei wichtige Gründe sprechen gegen die Beibehaltung eines „öffentlichen Planes" über die Einführungszeit hinaus: Jedes Kind muß stets öffentlich machen, wie weit es mit seinen Aufgaben gekommen ist. Dies setzt vorschnelle „Vergleiche", „Konkurrenz" und unnötige „Überlegenheits- wie Unterlegenheitsgefühle" frei. Dies setzt vor allem kurz nach dem Schulanfang, in einer Zeitspanne also, in der die Kinder ihre „Lern-Identität" grundlegen, z. B. langsamere Kinder unter Druck, auch wenn das soziale „Klima" einer Lerngruppe dies scheinbar zuläßt.

Unter-Druck-Geraten (wie auch vorschnelle Überschätzung) verstößt gegen wesentliche Intentionen der WP-Arbeit: Alle Kinder sollen ihr je eigenes Lern- und Arbeitstempo (als ein Element des Lernens) kennenlernen bzw. als Element ihres eigenen Lernstils entdecken und auch ihr subjektives (veränderbares) Vermögen, wie

über Zeit und ihre Nutzung verfügt werden kann.

Ein Kind identifiziert sich mit „seinem" Plan wesentlich stärker als mit einem „öffentlichen Plan" für die ganze Klasse. Es nimmt deshalb die mit den Aufgaben verbundene Herausforderung an sich selbst eher an und lernt insbesondere, Verantwortung für seine Verfügung über die Zeit, für die Intensität seines Lernens, seine Lernwege und Lernergebnisse zu übernehmen.

Ein ersichtlich für alle geltender „öffentlicher Plan" ist — so er beibehalten wird — eine hinderliche Grundlage für individuelle Veränderungen, die aufgrund der subjektiven „Reaktion" eines Kindes auf den Plan notwendig werden. Da aber eine Entwicklungsperspektive für die WP-Arbeit in der Annäherung an individuelle Lernprozesse liegt, die sich nach und nach in einer angenähert individuellen Gestaltung ausdrücken sollte, kann der „öffentliche Plan" nur die Funktion einer kurzzeitig notwendigen Verständigungsgrundlage zwischen Lehrern/Lehrerinnen und Kindern übernehmen. Er ist auch eine — auf Dauer — hinderliche Grundlage für eigene Entscheidungen und/oder Initiativen der Kinder in sogenannten „offenen Feldern" wie etwa „Freies Schreiben".

Da sich aber gerade die zuletzt skizzierten Kriterien, nämlich individuelle Veränderung, individuelle Gestaltung und individuelle Entscheidung, Initiative (und Selbstverpflichtung!) als entwicklungsfähige Merkmale einer wachsenden Selbständigkeit erweisen, die vom „Einstiegsmodell" des WP wegführen, sollte möglichst bald vom „öffentlichen Plan" für alle zu Wochenplänen für jedes einzelne Kind übergegangen werden.

Die genannten Kriterien deuten zugleich auch auf die mit der Verfügung über WP-Arbeit wachsenden Chancen für die Kinder und die Lehrer/innen zu einer präzisen und individualisierten Kommunikation (und Verständigung!) über Lernanlässe, Lernwege, Lernschwierigkeiten und -ergebnisse. Im ersten Schuljahr werden bei den Plänen, die jedes Kind bekommt, weiterhin die gemeinsam erarbeiteten Symbole, zunehmend aber auch kleine Texte verwendet, um einerseits das wachsende Lesevermögen der Kinder zu „stützen", andererseits aber die Lesemotivation zusätzlich anzuregen.

Wochenplan und/oder Tagesplan

Vielfach wird die Arbeitsplanung für oder mit Kindern nicht auf die ganze Wochenfrist ausgedehnt (WP-Arbeit kann, nebenbei bemerkt, auch mittwochs anfangen und auf diese Weise die montags oft notwendige „Neuorientierung" unterstützen — eine Erfahrung aus einer holländischen Basis-School). Als hauptsächliche Begründung für kürzere Zeitspannen wird Vermeidung von Überforderung angegeben; dies muß sicherlich lerngruppenspezifisch entschieden werden.

Es wird dann beispielsweise nur immer für einen Schulvormittag geplant, deshalb Tagesplan, und zwar als Vorgabe des Lehrers oder der Lehrerin oder aber aufgrund von Mitplanung und -entscheidung durch die Kinder. Es liegen für beide Planformen, d. h. für beide didaktischen Entscheidungen genügend praktische Erfahrungen vor. Tagesplan oder WP können deshalb nicht mehr als sich wechselseitig ausschließende Alternativen betrachtet werden. Eine „randscharfe" Diskussion über ihre jeweilige Zweckmäßigkeit (Vor- und Nachteile) ist daher nur aufgrund einer Analyse der jeweiligen Lerngruppe, d. h. ihrer Selbständigkeitsentwicklung, und im Zusammenhang mit den Erfahrungen der Lehrer/innen mit beiden Planformen möglich.

Andererseits erscheint es unbedingt sinnvoll, während und nach der Einführung von „Arbeit nach Plan" eine sinnvolle Verbindung von WP und täglicher Planung zu schaffen. Insbesondere erscheint dies im Zusammenhang mit einem „rhythmisierten Unterrichtsvormittag" naheliegend, der durch stundenplantechnisch größere Zeitblöcke und flexiblen Umgang mit kleineren und/oder größeren Zeitspannen im Unterricht charakterisiert werden kann. Tagesplanung schafft hier Orientierung und Übersicht; die sinnvolle Verknüpfung könnte ein Tagesplan mit einem Zeitabschnitt für WP-Arbeit sein.

Anhand eines Beispiels soll dies näher erläutert werden: Während des Morgenkreises (nach der Gleitzeit) erörtert die Lehrerin oder der Lehrer mit den Kindern den Tagesablauf und befestigt z. B. an einem „Tagesstreifen" an der Tafel oder an der Wand einfache Symbolkarten (später Stichworte und kleine Texte), die den Kindern ständig vor Augen sind, die sie sich leicht einprägen können. Dabei können die Kinder Vorschläge und Wünsche mit in die Planung einbringen. Sie können Alternativen vorschlagen und zurückliegende Vorschläge, die vielleicht früher „nicht zum Zuge" kamen, wieder aufgreifen. Damit haben sie bereits eine erste Möglichkeit, sich an der Unterrichtsplanung zu beteiligen. Lehrerin oder Lehrer greifen die Vorschläge auf, fügen sie in den Tagesplan ein oder verschieben sie begründet auf einen anderen Tag usw. Auch können die Kinder Vorschläge zur Aufeinanderfolge von Aktivitäten einbringen, die je nach den organisatorischen Bedingungen aufgegriffen oder verworfen werden können.

In diesem Tagesstreifen taucht, falls WP-Arbeit eingeführt ist, auch der Hinweis, das Symbol für WP auf. Es liegen auch Erfahrungen dazu vor, nach und nach mehrere Tagesstreifen zu einer Wochenübersicht zusammenzufassen. Insbesondere bei der o. a. flexibilisierten Unterrichtsgestaltung, die durch größere und kleinere Zeiteinheiten als den überkommenen 45-Minuten-Takt charakterisiert werden kann und eine personenbezogene, situative und funktional begründbare anstelle einer „mechanistischen" Zeiteinteilung setzt, vermittelt eine solche Wochenübersicht solide Informationen darüber, was schon „dran" war, was noch „drankommen" muß, sollte, möchte und welche Möglichkeiten für die gemeinsame Planung noch offen sind. Vorhaben etwa, die für den nächsten oder übernächsten Tag schon absehbar sind, können bereits „gesteckt" werden und sind schon vor dem nächsten Tagesplan ein festes Datum. Auf diese Weise erfahren Kinder nach und nach auch die zeitliche Dimension ihres Lernens in der Schule bzw. unter schulischen Bedingungen.

Wie kann man mit Wochenplanarbeit später „einsteigen"?

Im Unterschied zu einem ersten Schuljahr trifft ein Lehrer oder eine Lehrerin in einem dritten Schuljahr, in dem er oder sie mit WP-Arbeit neu beginnen will, auf eine zwar ebenfalls unbekannte Situation, die sich aber im Gegensatz zu einem ersten Schuljahr durch Unterrichtsvoraussetzungen kennzeichnen läßt, die andere vor ihm bewirkt haben, die schulisch geprägt sind. Diese Kinder haben Schule bereits ganz anders erfahren.

Eine sorgfältige Analyse dieser Unterrichtsvoraussetzungen ist deshalb unerläßlich, und zwar hinsichtlich aller jener Bedingungen, die für die WP-Praxis günstig und förderlich sind. Z. B. geht es darum, ob die Kinder Arbeitsanweisungen lesen, verstehen und ausführen können, ob sie selbst schon die Ergebnisse ihrer Arbeit sorgfältig kontrollieren und ob sie mit einem Partner oder einer Partnerin zusammenarbeiten können, ob sie aus mehreren Angeboten auswählen können und außerdem aushalten können, daß sie eine attraktive Lerngelegenheit erst einen Tag später nutzen können, weil sie ihnen „vor der Nase weggeschnappt" wurde. Mit dieser Analyse muß herausgefunden werden, ob sich die Kinder Vorschläge zur Aufeinanderfolge von Aktivitäten einbringen, alle vorhandenen „Quellen" und die Kompetenz der anderen Kinder nutzen können oder stets zum Lehrer/zur Lehrerin laufen, ob sie verständig und selbständig mit Arbeitsmitteln umgehen können.

Stellt sich aufgrund der Analyse heraus, daß erhebliche „Lücken" bezüglich WP-Arbeit vorliegen, kann diese nur aufgrund von zielgerichteten Vorübungen angeleitet und stabilisiert werden, d. h. Lehrer/Lehrerin und Kinder müssen die Fragen von Raumgestaltung, Materialbeschaffung, -kennzeichnung und -aufbewahrung, Umgang mit Material, Plan-Formen und Planungsverfahren, Regelungen und Absprachen bzw. symbolischer, schriftlicher und mündlicher Kommunikation usw. erörtern und jeweils klassenspezifische „Antworten" finden. Des weiteren müssen die Kinder unabhängig von ihren Vor-Prägungen bzw. kontrastiv zu ihnen die verschiedenen WP-Aufgaben und ihre qualitativ unterschiedliche Verbindlichkeit kennenlernen:

• Aufgaben, die die Lehrerin/der Lehrer vorgibt und die alle bearbeiten müssen, für die sie differenzierende Hilfe und Anleitung erwarten dürfen;

• Wahlpflichtaufgaben, die als „Angebot" gekennzeichnet sind, aus dem sie auswählen müssen;

• verbindliche „Rahmen" wie z. B. „Freies Schreiben" oder „Sachrechenkartei", in denen die Kinder eigene Entscheidungen treffen müssen . . . usw.

Zuletzt lernen die Kinder, wie direkte Absprachen zu der WP-Arbeit getroffen werden können; beim Vorbereiten, bei der Voraus- und Mitplanung, beim Einordnen von WP-Arbeit in die flexibel gehandhabte Wochenübersicht, für Lesezeit bzw. -kreis und gemeinsame Erörterung zum Wochenabschluß usw.

Woran erkennt man, daß Wochenplanarbeit den Unterricht (und auch den Klassenraum) prägt?

Im Unterricht einer Grundschulklasse, die nach WP arbeitet, entstehen typische Situationen, die gleichzeitig und nebeneinander stattfinden. In diesen Unterrichtssituationen wird z. B. sichtbar, wie sich die Kinder aufgrund der vorgegebenen oder der gemeinsam vorab erarbeiteten WP-Aufträge ihre Zeit einteilen, wie sie sich von einem Sach-Anreiz „locken" lassen, einem spezifischen Interesse, einer Neigung nachgehen, ihre Erfahrungen einbringen, alleine oder mit einem oder mehreren anderen arbeiten wollen. Insofern ist die überwiegend verbindliche WP-Arbeit mit ihren Anteilen von Pflicht und Selbstverpflichtung bzw. verpflichtender Auswahl stets binnendifferenziert und graduell offen.

Die Unterrichtssituationen sind zudem gekennzeichnet durch das Ausmaß und die Intensität von Hilfen, die die Kinder vom Partner, von der Partnerin, von der Gruppe, von Lehrer oder Lehrerin, aus Büchern, aus Materialien „holen", auch durch spezifische und vermehrte soziale Kontakte und Zuwendungen, durch das Ausmaß der individuell „herausgewirtschafteten" Zeit für völlig frei gewählte Aktivitäten.

Wenn man andererseits Lehrerinnen und Lehrer im WP-Unterricht beobachtet, dann kann man ebenfalls typische Situationen bzw. Verhaltensweisen beobachten. Sie geben differenzierende Hilfen bei Schwierigkeiten und ebensolche Anleitungen, falls nötig; sie reagieren entsprechend bei unzureichend ausgeführten Aufgaben. Sie handeln zielgerichtet aufgrund ihrer Beobachtungen vom Vortage, aus der aktuellen Situation, gehen also höchst unterschiedlich auf die einzelnen Kinder ein, helfen bei Unsicherheiten, mischen sich bei unentschiedenen, d. h. für Kinder unentscheidbaren Situationen ein, ermutigen, „stärken", setzen Grenzen, je nachdem. Vor allem versuchen sie, dem einzelnen Kinde die ihm in der jeweiligen Unterrichtssituation entsprechende Unterstützung beim Lernen und Arbeiten, d. h. „jedem das Seine" zu geben. Sie unterweisen andererseits für kurze Zeit (in Lektionen) Gruppen, die sie aufgrund ihrer Beobachtungen zusammengerufen haben (z. B. nacharbeitend, wiederholend, neue Schritte erarbeitend usw.). Sie reduzieren bei einzelnen Kindern die Aufgabenmenge oder regen Erweiterungen von Aufgabenquantität oder -qualität an.

Sie begreifen jede einzelne WP-Stunde als einen „Ausschnitt", als relativ kurze Zeitspanne in einem Prozeß, der lange vorher begonnen hat und anschließend weitergeht. Deshalb schreiben sie die „frischen" Eindrücke und „flüchtigen" Beobachtungen aus dem Unterricht in ihrem Tagebuch auf, um die Lernentwicklung der Kinder systematisch zu begleiten und um ihre notwendig werdenden didaktischen Reaktionen (die z. B. auch einfach „Abwarten!" heißen können) vorzubereiten.

Die in Ablagekästen gesammelten fertigen und unfertigen Wochenpläne werden von ihnen täglich durchgesehen. Sie ziehen Schlüsse aus dem, was sie vorfinden, und machen sich „interpretative" Notizen für den nächsten Tag. Ihr Beobachtungsinteresse ist auf die individuellen Lernentwicklungen und ebenso auf das soziale Verhalten und seine negativen wie positiven Veränderungen gerichtet.

Dieses kurz skizzierte Verhaltensspektrum können Lehrer und Lehrerinnen nur entfalten, wenn sie ihr aktives Lehrverhalten (z. B. frontal vortragend, alleine lenkend, eng führend) deutlich reduzieren und die dadurch gewonnene Zeit (und „Energie") in aktive Aufmerksamkeit für individuelle Lernprozesse und deren qualifizierte und je angemessene Unterstützung investieren, d. h. sich anders pädagogisch-didaktisch profilieren und professionalisieren.

WP-Unterricht prägt auch die Klassenräume auf typische Weise. Es wird an den Räumen und an ihren Binnengliederungen erkennbar, daß im Zusammenhang mit WP-Arbeit Einzel-, Partner- und Gruppenarbeit möglich ist, jedoch auch ein Gesprächskreis gestellt und zu einer Gruppenunterweisung umgeräumt werden bzw. auf unterschiedliche Unterrichtssituationen flexibel und funktional reagiert werden kann. Typische „Zeichen" für WP-Arbeit in einem Klassenraum sind:

- offene Angebote unterschiedlicher Arbeitsmittel, Lern-, Arbeits- und Übungskarteien;
- Pinnwände zur Veröffentlichung und Dokumentation von Arbeitsergebnissen;
- Kontrollblätter zur Selbstkontrolle an Pinnwänden, die der Lehrer oder die Lehrerin vorbereitet hat;
- Ausstellungs-, „Entdeckungs- oder Forschertische";
- Leseecken mit Bücherkisten unterschiedlichen Inhalts;
- Ablagemöglichkeiten für fertige bzw. unfertige Wochenpläne;
- verschiedene, definierte „Arbeitsecken" u. v. a. m.

Ein konventionell eingerichtetes Klassenzimmer (das eigentlich jeder und jede aus eigener Anschauung kennt!) erweist sich als hinderliche Umgebung für WP-Arbeit nach dem bisher skizzierten Anspruch. Räume, die aufgrund ihrer Binnengliederung für WP-Arbeit geeignet sind und eher als „anregungsreiche Lernumgebung" bezeichnet werden können, repräsentieren keine Stillsitzschule mehr, sondern bilden reale Chancen für vielfältige, ungleichschrittige, pädagogisch-funktional unterstützte, zweckgerichtete und sozial gemeinsam geregelte Kinderbewegungen gleichsam im Raum ab.

In solch einem Klassenraum könnte

man während einer WP-Stunde für jedes einzelne Kind eine individuelle Spur nachzeichnen. Beispielsweise geht ein Junge von seinem Sitzplatz zu einer Kartei, wählt einen Übungstext aus, trägt in seinem WP ein, welchen Text er ausgewählt hat, übt zunächst alleine, wählt sich nach einigem Herumsuchen einen Partner aus, der mit ihm nach einer kurzen methodischen Erörterung ein sogenanntes fehlervermeidendes Partnerdiktat veranstaltet, geht wieder auf seinen Sitzplatz zurück, sieht sein Arbeitsergebnis nochmals durch, legt es ab, stellt die Karteikarte zurück, geht zum Lesen in die Leseecke, greift sich sein, mit persönlichem Lesezeichen gekennzeichnetes Buch, liest ein Stück und geht anschließend wieder auf seinen Platz zurück, kurz bevor die Klassenuhr das Ende der WP-Zeit anzeigt.

Als günstig für WP-Arbeit haben sich folgende Gestaltungsmerkmale erwiesen:
• eine Klassenuhr mit gut sichtbarem Zifferblatt;
• vielfältige große Wandflächen für das Anbringen von Arbeitsergebnissen, Dokumenten (Pinnwände), die insbesondere von den Kindern ausgestaltet werden können;
• Stellflächen für Karteikästen, für Arbeitsmittel, für Ablagekästen auf halbhohen Schränken bzw. in „Greifhöhe";
• offene Regale für Materialien, Arbeitsmittel, Bücher, die auch als Raumteiler verwendet werden können;
• Einzeltische, die zu verschieden großen Gruppentischen zusammengestellt werden können;
• funktional definierte „Arbeitsecken" wie Leseecke, Spielecke, Bauecke, „Naßecke" usw.;
• größere Tische, die für definierte

Zwecke „benannt" werden können, z. B. „Entdeckungstisch" usw;
• eine „Rückzugsmöglichkeit";
• ein Sitzteppich bzw. Sitzkissen für jedes Kind;
• ein Erzählteppich;
• flexible Möglichkeiten für situative didaktische Reaktionen;
• Mittel und Absprachen zur „stummen Kommunikation" zwischen Kindern und Lehrer oder Lehrerin wie Namensklammern, Anzeigetafeln für „Ich brauche Hilfe!" oder „Ich bin fertig!" usw.

Wochenplan als „Einstieg" und „Ausstieg" zugleich

In der Schulpraxis und in der dokumentierenden praxisnahen Literatur finden sich höchst unterschiedliche und vielfältige Typen von Wochenplänen. Zugleich wird — auch und insbesondere im Zusammenhang mit der Suche nach offeneren Unterrichtsformen — eine teilweise stark divergente Diskussion zu WP-Arbeit geführt.

Teils wird WP-Arbeit ohne jede Einschränkung und ohne Abstriche den typischen Ausprägungsformen offeneren Unterrichts zugeordnet. Teils wird WP-Arbeit aus dem gleichen Zusammenhang aufgrund kritischer Analysen ausgeschlossen, weil etwa mit Wochenplänen „alte Inhalte" lediglich mittels noch trickreicherer und raffinierterer Methoden und noch subtilerer Verfahren an die Kinder herangebracht würden (vgl. zum folgenden *Claussen* 1991).

Die allgemeine Diskussion zum WP erweist sich insgesamt als verhältnismäßig unübersichtlich. Die vielen einzelnen Beiträge zu dieser Diskussion spiegeln ganz offenkundig und vor al-

lem die jeweils unterschiedlichen Entwicklungszustände wider, die sich die jeweiligen Autoren erarbeitet haben. Sie spiegeln zum anderen die vorhandenen bzw. nicht vorhandenen oder nicht wahrgenommenen Entwicklungsperspektiven dieser WP-Praxis wider. Insgesamt bildet sich die jeweils vorhandene Schulkultur bzw. die jeweilige Unterrichtskultur darin ab, d. h. etwa die je individuellen Handlungs- und Interaktionsstile, die Gewohnheiten und Routinen der Lehrerinnen und Lehrer. Beispielsweise bleiben die Chancen von Kindern zur Interaktion oder zur Kooperation, d. h. zu vermehrten, arbeitsbezogenen sozialen Kontakten im Unterricht anhand von Wochenplänen dann weiterhin gering, wenn die Lehrerin oder der Lehrer diese — nicht bis ins Detail kontrollierbaren — Beziehungen selbst nicht schätzt.

Ebenso bleiben die Chancen für differenzierende, individuell unterstützende Beratungen, Hilfen, Korrekturen dann gering, wenn die Lehrerin oder der Lehrer deren „binnendifferenzierende" Bedeutung nicht erkennt, nicht für wesentlich hält und deshalb nicht professionell entwickelt bzw. nützt. Und je weniger sich die Organisatoren

und Organisatorinnen von WP-Arbeit mit der Notwendigkeit und dem daraus resultierenden Auftrag zieldifferenten Unterrichts auseinandergesetzt haben und daraufhin unterschiedliche Zugänge, Wege, Ziele und Ergebnisse beim Lernen der Kinder akzeptieren, desto weniger wird die Annäherung von WP-Arbeit an die individuellen Lernprozesse der Kinder und die damit beabsichtigte Öffnung von Unterricht gelingen und sich in den Wochenplänen selbst zeigen.

Vielfach wird auch das schließlich gelungene Bearbeiten von Wochenplänen, der geläufige Umgang der Kinder mit vorgegebenen Wochenplänen als wünschenswertes Ziel angesehen. Die WP-Arbeit selbst gilt dann als Ziel, als Selbstzweck und nicht mehr als Mittel zu formulierten Zielen hin. Dies bedeutete aber, daß der Ansatz mit der WP-Arbeit im Vordergründigen stekkenblieb; WP-Arbeit wäre ein statisches Konzept, und das (zunächst!) praktizierte Einstiegsmodell erwiese sich als starr und zudem perspektivlos. Es folgte — ursprünglich als Mittel zu formulierten Zielen hin gedacht — nicht der sich entwickelnden Selbständigkeit der Kinder im Verlaufe ihrer Schulgeschichte.

Es scheint so, als ob die weiter oben als verhältnismäßig unübersichtlich charakterisierte WP-Diskussion immerhin den Schluß zuläßt, daß die zuletzt beschriebene Auffassung in ihr zwar noch vorgefunden werden kann, dort aber nicht mehr überwiegt und zudem allmählich verschwindet. Zugleich erscheint es wichtig, diese (fast) beendete Diskussions- und Praxisphase genauer zu charakterisieren und ihren Prozeßcharakter hervorzuheben.

Zunächst bestimmten offenbar die ersten Entwicklungsschritte von Lehrerinnen und Lehrern in Richtung auf eine andere Praxis die Diskussion (sichtbar in der Schulpraxis selbst und in veröffentlichten Praxisbeschreibungen). Wichtig war für sie der „Ausstieg" aus überwiegend frontalen Unterrichtsformen und der „Einstieg" in einen weniger eng geführten, mit Wochenplänen organisierten Unterricht. Das Einstiegsmodell „bietet reformfreundlichen Lehrkräften ein Management-Konzept" für ihren eigenen Übergang, „mit dem ein beruhigendes Gegengewicht zu noch offeneren Lernsituationen gesetzt wird, für deren Erweiterung die Voraussetzungen bei Kindern, Eltern, Kolleg/inn/en erst in kleinen Schritten geschaffen werden können". Wenn es für alle Kinder verpflichtend vorgegeben wird, kann es ein „überaus lehrergerechtes, gut handhabbares Steuerungs- und Kontrollinstrument für den Anfang binnendifferenzierter Arbeit sein". (*Hagstedt* 1987, S. 7)

In der öffentlichen Diskussion um WP-Arbeit ergaben sich in diesem Zusammenhang viele Divergenzen und wechselseitige Mißdeutungen. WP-Arbeit war zunächst trotz aller pädagogisch-didaktischer Begründungen und Zielsetzungen weniger ein *Einstieg* mit Kindern in einen Lernprozeß zu ihrer eigenen, bewußt empfundenen Selbständigkeit hin, sondern vielmehr ein hinsichtlich seiner Schrittfolge selbst kontrollierter *Ausstieg* für Lehrerinnen und Lehrer aus tradierten Handlungsweisen und Gewohnheiten, etwa aus eng geführtem, lehrerzentriertem Unterricht.

Das je persönliche Ausmaß des Freigeben-Könnens der Kinder war (und ist noch!) dabei das wesentliche Kriterium für eine eigene Weiterentwicklung. Während die einen das selbständige Bewältigen des vorgeschriebenen WP als erfolgreiche, wenn auch von zahlreichen (subjektiv empfundenen!) „Schwierigkeiten" und Skrupeln begleitete Strategie zur Veränderung ihres Unterrichts begreifen und es dann dabei belassen, ist für die anderen ein WP mit überwiegend verpflichtenden und vorgeschriebenen Anteilen nur der Anfang für eine längerfristig an den Kindern und ihrer Entwicklung orientierten Strategie, die im übrigen logischerweise über die Grundschule hinausreichen muß.

In einer nächsten Phase muß es deutlich um etwas anderes, um eine Dynamisierung des WP-Konzepts gehen. Die Übernahme von Wochenplänen in den je eigenen Unterricht müßte zusammen mit der Übernahme weiterer (subjektiv-innovativer!) reformorientierter Konzepte vorgenommen werden, um das eigene pädagogisch-didaktische Handlungsrepertoire prägnant zu verändern und zu erweitern. Dazu gehört, daß Lehrerinnen und Lehrer und alle Kinder behutsame, sich allmählich ausweitende Schritte in Richtung auf offenere Lernformen gehen lernen.

Mit anderen Worten: Richtmaße für eine dynamische Veränderung zu offeneren Unterrichtsformen sind dann die (individuell verschiedenen) Stadien der Selbständigkeitsentwicklung bei den Kindern und die wachsende Professionalität der Erwachsenen beim Organisieren, Durchhalten und innovativen Entfalten von Formen der Lern- und Arbeitsplanung. Ansatzpunkte für Entwicklungsperspektiven des WP können anhand von zwei Kriterien markiert werden:

• Annäherung des „Einstiegsmodells" an je individuelle Lernprozesse;
• Veränderungen des „Einstiegsmodells" aufgrund eines als ansteigend zu denkenden Selbständigkeitsgrades der Kinder.

Kurz zusammengefaßt bedeutet dies: Wochenpläne mit zunehmendem „Schülerprofil". *(Hagstedt* 1987, S. 7)

Annäherungen an die individuellen Lernprozesse

Auch vorgeschriebene Wochenpläne versuchen, aufgrund einer professionell unternommenen Analyse bisher abgelaufener Lernakte und einer Interpretation ihrer Ergebnisse die angenähert richtigen nächsten Lernschritte zu organisieren (beispielsweise erkenntnisstabilisierende Übungen und Anwendungen). Diese nächsten Lernschritte bzw. die daraufhin geplanten Aufgaben sind Annahmen mit größerer oder geringerer „Treffgenauigkeit" bei den einzelnen Kindern (Problem der „Passung").

Die erste Annäherung (und Modifizierung) der Annahmen als graduell geringfügige „Öffnung" des relativ unflexiblen Einstiegsmodells zu einem individuellen Lernprozeß hin ergibt sich aufgrund der Reaktionen eines Kindes auf den WP. Die Aufgaben waren zu schwierig; das Kind konnte sie nicht lösen, es war noch nicht soweit. Deshalb erhält es leichtere Aufgaben; die Anforderung wird geändert, und die Einschätzung wird revidiert – eine individuell neue Vereinbarung wird getroffen. Auch die zweite Annäherung ergibt sich aufgrund der Reaktionen von Kindern. Sie haben z. B. die angezielte mathematische Erkenntnis zwar gewonnen, zeigen aber ein relativ langsames Arbeitstempo. Deshalb wird die Menge der Aufgaben reduziert, die diesbezügliche Einschätzung revidiert und ebenfalls eine individuell neue Vereinbarung getroffen. Wenn die Kinder in der Grundschule spezifische unterrichtliche Arbeitsbe-

reiche kennengelernt haben, kann der WP von einer eher vorschreibenden zu einer eher anregenden Form umgestaltet werden. Er enthält dann mehr Hinweise auf Vereinbarungs- und Entscheidungsrahmen, die von den Kindern selbst ausgefüllt werden. Diese Hinweise kennzeichnen im Plan einen bereits bekannten Arbeitsbereich (mit entsprechenden Angeboten!) oder ein mehr oder weniger offen verabredetes Thema.

Der Hinweis auf „Freies Schreiben", „Schreibwerkstatt" oder „Ideenkartei" im Plan signalisiert dem kundigen Kind: Ich kann mir aus den genannten Angeboten aussuchen, was ich tun will! Es wählt aus, notiert seine Auswahl im Plan und führt den Vorsatz aus. Solche Hinweise kann es für eine Vielzahl von bereits gut bekannten Vereinbarungs- und Entscheidungsrahmen geben („Gedichtkartei", „Sachrechenkartei", „Sachunterrichtskarteien" usw.). Hinweise auf ein Rahmenthema können sich auf Vorbereitung, Ausführung oder Dokumentation von jeweils abgesprochenen Teilen eines Projektes beziehen. Die Kinder tragen in die markierte „Leerstelle" ihres WP ihre je spezifische Entscheidung für eine Aufgabe/ Teilaufgabe ein. Damit wird diese für sie zu einer ebenfalls verpflichtenden Aufgabe.

Wenn solche, lediglich den Rahmen markierende Hinweise allmählich (dem Maße wachsender Selbständigkeit folgend!) zunehmen, ergibt sich eine graduell erhebliche Öffnung des ursprünglichen Planmodells. Mit der wachsenden Selbständigkeit, die sich z. B. in der Kenntnis aller angebotenen Gelegenheiten, in Entscheidungsfähigkeit, im Durchhaltevermögen beim Ausführen der gewählten Aufgabe, auch im „Mut zum Risiko" bei Kindern zeigen kann, verändert sich Fremdsteuerung zu Selbststeuerung, wird aus den didaktischen „Hangelseilen" ein unterstützendes Unterrichtsarrangement mit zahlreichen Merkmalen offeneren Unterrichts.

Wird dann zu individuellen Veränderungen, zu rahmensetzenden Hinweisen für individuelle Entscheidungen und Selbstverpflichtungen noch der Anstoß zu eigenen Initiativen für den WP aufgenommen, d. h. „Leerstellen", die mit eigenständig entschiedenen Ideen, „guten Einfällen" und Vorhaben „besetzt" werden können, ergibt sich eine noch stärkere Öffnung.

Unterstützung individueller Lernprozesse

Unter zwei weiteren Aspekten lassen sich Entwicklungsperspektiven für einen WP beschreiben, der zu den individuellen Lernprozessen der Kinder hin geöffnet werden kann und diese mit dem Ziel eines spezifischen Kompetenzerwerbs unterstützen soll. Zum einen betrifft dies die allmählich zunehmende Mitplanung des gemeinsamen WP bzw. der individuellen Wochenpläne durch die Kinder einer Klasse: Erwerb von Planungskompetenz ist ein Merkmal selbständigen und selbstverantwortlichen bewußten Lernens.

Zum anderen bezieht sich dies auf die im Verlaufe des gemeinsamen Unterrichts entstehenden Arbeits-, Lern- und Übungsmittel für nachfolgendes individualisiertes Lernen: klasseneigene und situationsspezifische Arbeitsmittel und -materialien. Arbeitsmittel und -materialien, deren Zusammenhang, Entstehung und Funktion die „eigene Sache" der Kinder reprä-

sentieren, machen den eigenen Lernprozeß bewußter als zugekaufte, „von außen kommende" − z. B. enthält der klasseneigene Grundwortschatz in Ergänzung zu dem öffentlich kodifizierten auch die den Kindern „wichtigen" Wörter.

Sobald zwischen den Kindern einer Klasse und Lehrer oder Lehrerin eine Verständigung über die Absichten der Arbeit nach WP und ihre prinzipielle Verbindlichkeit erreicht und stabilisiert worden ist (siehe dazu auch die Einführung des WP im ersten Schuljahr in einer konsequenten Folge von zielkonvergenten Schritten), sollten die Kinder an der Erstellung von gemeinsamen und in der Folge von individuellen Plänen beteiligt werden, d. h. in der Zeitphase ihrer Vorbereitung in der Woche vor dem dann gültigen WP.

Dies könnte beispielsweise so vor sich gehen: Im Verlauf dieser Vor-Woche sammeln alle an der Planung und Vorbereitung Beteiligten, d. h. Kinder und Lehrerin oder Lehrer „Stücke" für den nächsten Plan. Diese „Stücke" stehen im Zusammenhang mit dem „laufenden" Unterricht bzw. mit dem im Klassenraum vorhandenen Lern- und Übungsangebot (z. B. in Form von Sachbüchern und/oder Arbeitsmitteln) und können sich auf alle Fächer und Lern- bzw. Arbeitsbereiche beziehen. Lehrerin oder Lehrer werden bei diesem Planungsverlauf eher auf Kontinuität (z. B. auf Übungen und Anwendungen) und auf die angemessen „dosierte" inhaltliche Herausforderung und auf Variantenreichtum achten. Die Kinder werden eher Ideen, Vorschläge, Aufgabentypen einbringen, die ihren Interessen, Neigungen, aber auch ihren Lernbedürfnissen näher liegen, d. h. solche Lerngelegenheiten, denen sie erstmals oder zum

wiederholten Male nachgehen möchten.

Mit anderen Worten: Ob Übung, Vorbereitung, Nachlese oder spezielle Ideen, Frage- und Forschungsrichtungen, bei allen diesbezüglichen Planungen werden sich die Kinder dann zunehmend beteiligen, wenn sie dazu systematisch herausgefordert werden bzw. sich ernsthaft herausgefordert fühlen, d. h. wenn ihre planerischen Beiträge auch Folgen haben.

Als sichtbare, stets präsente und zudem prägnante „Herausforderung" für diesen Planungs-Vorlauf hat sich ein sogenanntes „Schwarzes Brett" mit der Kennzeichnung „Für den nächsten Wochenplan" bewährt. Wenn Kinder Ideen haben, Vorschläge einbringen oder eine spezielle „Expertenrolle" spielen wollen (wenn z. B. einer oder eine etwas kann, was die anderen noch nicht können . . . und was er oder sie ihnen „beibringen" möchte!), dann schreiben sie entsprechende Zettel und heften sie ans Schwarze Brett (Briefkasten oder Zettelkasten tun's natürlich auch!).

Im Wochenschlußkreis am Freitag (siehe dazu auch „Klassenrat" nach C. *Freinet*), in dem die Qualität (War's richtig, lief's gut? War's zu leicht, zu schwer?) und Quantität (War's zu wenig, war's zu viel?) des abgeschlossenen WP erörtert werden, wird dann auch der künftige WP vorbesprochen. Die vorgeplanten „Stücke" werden erörtert, eingeschätzt, gegeneinander abgewogen . . . am Ende muß feststehen, was in den WP aufgenommen, was verschoben und was verworfen werden soll. Zwar hat anschließend die Lehrerin oder der Lehrer „die letzte Entscheidung", die wegen der sinnstiftenden Feedbacks für die Kinder behutsam, taktvoll und wohlbegründet getroffen werden sollte, doch erweist sich dieser interaktionale, d. h. zwischen allen Beteiligten ablaufende Planungsprozeß mit Blick auf die letzt-

68

lich festzulegenden Ergebnisse als prinzipiell und graduell offen. Ergebnis ist dann nicht mehr die vorgeschriebene, vorgesetzte, sondern die verabredete Form des WP.

Aus Vorschriften werden Vereinbarungen. Ein solcher, gemeinsam vorbereiteter WP könnte dann beispielsweise folgende Teile enthalten:

• verbindliche Aufgaben aus dem Blickwinkel von Lehrerin oder Lehrer, deren Sinn, Funktion und Zusammenhang die Kinder durchschauen können;

• Vorschläge von Kindern, deren Sinn, Funktion und Zusammenhang aus ihren eigenen Gedankengängen begründet wird;

• ausgehandelte und abgesprochene „Leerstellen" mit rahmensetzenden Hinweisen für Arbeitsbereiche (Freies Schreiben, Lesekreisvorbereitungen, Freies Experimentieren u. ä.) oder zu Rahmenthemen (Projekt Wasser, Apfel-Projekt im Herbst, Vorbereitungen eines interkulturellen Essens o. ä.).

Zwischenbemerkung: Unter der Zielsetzung, daß WP-Arbeit durch „Schülerprofil" (d. h. eine sich stets verändernden „Größe") gekennzeichnet ist und binnendifferenzierenden Unterricht im allgemeinen sowie zieldifferenten Unterricht im besonderen entwickeln und absichern helfen soll, müssen in Wochenplänen, die diesen Zielen entsprechen sollen, die individualisierenden Elemente bzw. die individuellen Kontakte allmählich überwiegen.

Die Bedeutung klasseneigener Arbeitsmaterialien

Klasseneigene, situationsspezifische und unmittelbar auf die Lerngruppe (Klasse) bezogene Arbeits-, Lern- und Übungsmittel werden im Verlauf des Unterrichts erstellt („von innen") und ersetzen bzw. ergänzen jene fremderstellten, („von außen") zugekauften der Lehr- und Lernmittelverlage oder jene aus einem anderen unterrichtlichen Kontext (von der Kollegin aus dem Nachbardorf) übernommenen.

Je mehr klasseneigene Arbeitsmaterialien, desto besser . . . aber dies ist auch eine Zeitfrage, die jeder oder jede nur selbst beantworten kann. Klasseneigene Arbeitsmaterialien bilden eher die Lernentwicklungen ab; sie fordern eher die Übungskompetenz, die methodische Kompetenz und insgesamt die Selbständigkeit der Kinder heraus und stärken sie. Sie repräsentieren eher den unmittelbaren Erfahrungs- und Nahraum (Umwelt- und Lebensbezug) sowie die Neigungen und die Interessensschwerpunkte der je spezifischen Lerngruppe (Klasse).

Es geht dabei z. B. um Materialien und Arbeitskarteien, die im Zusammenhang mit dem WP in einer Klasse begonnen und zusammen mit den Kindern fortgesetzt bzw. mit ihnen zusammen „Stück für Stück" aufgebaut werden und dann vielfältige, variantenreiche, individuelle Übungen ermöglichen. Solche Arbeitsmaterialien wachsen zusammen mit den Kindern! Bilddiktate, Partnerdiktate (mit je eigenen Wörtern und Texten), Rechtschreibkarteien, eine Gedichtkartei, eine Lesekartei, eine Sachunterrichtskartei mit Anregungssituationen, eine Ideenkartei, eine Sachrechenkartei u. a. gehören in diesen Zusammenhang.

Rechtschreibkartei, Bild- und Partnerdiktate folgen dem im ersten Schuljahr (z. B. mit der Eigenfibel) begonnenen Aufbau eines klasseneigenen Grundwortschatzes (in Ergänzung zu dem öffentlich kodifizierten Grund- oder Übungswortschatz) mit gebräuchlichen und wichtigen Wörtern dieser spezifischen Lerngruppe, die von Lehrer oder Lehrerin in jene weitreichenden Strategien eingeordnet werden, die letztlich zum normgerechten Schriftgebrauch führen.

Als wichtigstes Merkmal zeichnet diese klasseneigenen Arbeitsmaterialien aus, daß sie in einem für Kinder erkennbaren Sinnzusammenhang aus ihrem Erfahrungsbereich stehen (etwa mit einem Projektthema aus dem erfahrungsorientierten und handelnden Unterricht). Ein solcher unterrichtlicher Zusammenhang entspricht drei wesentlichen Kriterien:

- Er öffnet sich den Interessen, Erfahrungen, Neigungen der Kinder,

- stellt aber zugleich den Rahmen für systematisch organisiertes Üben dar und

- bezieht den Sinn des längerfristig aufbauenden Übens aus dem für die Kinder sinnvollen thematischen Zusammenhang (den die Kinder kennen!) wie auch aus der bewußten Könnenserfahrung (was die Kinder können und was sie wahrnehmbar dazulernen!).

Gedicht- und Lesekartei geben darüber hinaus zusätzlich den individuellen, persönlichen Zugängen der Kinder zu Lyrik und Prosa ausschlaggebendes Gewicht. Alle benannten „wachsenden" Arbeitsmaterialien folgen damit der bekannten Maxime *Martin Wagenscheins*: „Mit dem Kinde von der Sache aus, die für das Kind seine Sache ist!" Letztlich unterstützt ein — mit klasseneigenen Arbeitsmaterialien verknüpfter — und entsprechend „geöffneter" WP die individuellen Lernprozesse und gibt ihnen Sinn.

Freie Arbeit, wirklich für alle . . .

Nachfolgend sollen mehrere Entwicklungsmöglichkeiten und -notwendigkeiten für die schulpraktische Arbeit mit Wochenplänen dargestellt werden (vgl. *Claussen* 1991).

In einem binnendifferenzierenden Unterricht soll jedes Kind genügend Raum, Zeit und Gelegenheit erhalten, um sich mit seinen Stärken und Schwächen, seinen Neigungen und Interessen, mit seinen zumeist diskontinuierlichen Lernprozessen „zeigen" zu können, damit es jeweils angemessen unterstützt und gefördert werden kann. Deshalb sollte WP-Arbeit nicht zu einem weiteren Instrument des Antreibens werden, sondern zu einem Gütezeichen einer nichtkonkurrenten, bedächtigen, gelassenen, deutlich langsameren, aber zugleich grundlegenden, gründlichen Grundschule.

Deshalb sollte auch das vielfach auffindbare Junktim zwischen freier Arbeit und WP zerbrochen werden, bzw. die begrifflichen Unschärfen bei der Definition von freier Arbeit einerseits und WP andererseits sollten präzise geklärt werden. Ein WP enthält verbindliche Aufgaben; im Rahmen der freien Arbeit können Kinder wirklich frei auswählen, was sie tun wollen. Zeit für freie Arbeit muß für *alle Kinder* unmittelbar verfügbar sein . . . und nicht erst auf dem für viele recht langen Weg durch die verbindlichen Aufgaben des Wochenplans! In diesem Zusammenhang muß auf eine Zielvorstellung aufmerksam gemacht werden, die WP-Arbeit einerseits und freie Arbeit andererseits auch in einer curricularen Struktur systematisch verbindet: Notwendig sind (z. B. nach *Wolfgang Klafki*) Lehrpläne mit offenen Rahmenvorgaben, die situations-

und lerngruppenspezifische Ausprägungen und Konkretisierungen zulassen sowie einen verbindlichen wie auch einen frei wählbaren Teil umfassen.

Durch eine deutliche Ausweitung der typischen Ausprägungsformen offeneren Unterrichts kann (und dies wäre ein weiterer Aspekt) im übrigen auch das Problem der „Passung" im Unterricht angenähert gelöst werden, und zwar dadurch, daß Fremdeinschätzung durch Lehrer oder Lehrerin zu Selbsteinschätzung durch die Kinder wird. Das benannte Problem sollte von der Seite der Lehrerinnen und Lehrer weg und zu den Kindern hin verlagert werden, damit diese sich im offeneren Unterricht (mit allen seinen Formen) mehr und mehr als Subjekte ihrer eigenen Lernprozesse erfahren können. Dazu kann letztlich nur eine in Richtung auf individuelle Vereinbarungen (Kontrakte) weiterentwickelte Form des WP beitragen.

Das heißt auch: Mehr Zeit für WP-Arbeit . . . bis hin zu längerfristigen individuellen Arbeitsplänen mit Vereinbarungs- und Entscheidungsspielräumen, die letztlich die Wochenfrist sprengen! Diese individualisierten Arbeitspläne und die dazugehörigen, nur angedeuteten Zeitspannen entzerren im übrigen auch das Kontrollproblem für Lehrerin oder Lehrer, d. h. ihre Kontrolle und ihr Bemühen um Überblick beziehen sich dann ebenfalls auf einen längeren Zeitraum.

Wichtig bleibt der frühe Beginn mit WP-Arbeit im ersten Schuljahr, d. h. die Grundlegung von Anfang an. Stete Mitplanung und Mitgestaltung in zunächst einfacher, später in individuell wesentlich erweiterter Weise ist der Weg zu Planungskompetenz und Selbständigkeit bzw. zu selbstverantwortlichem Lernen.

Eigenverantwortlichkeit ist das Ziel

Wachsende Selbständigkeit als längerfristige, fächer- und stufenübergreifende Zielkategorie muß die Arbeit nach WP verändern. Es ist stets erwartbar, daß in einer Klasse Kinder mit unterschiedlich entwickelter Planungskompetenz (und Selbständigkeit) gleichzeitig nebeneinander lernen sollen/wollen. Ihre jeweiligen Lernprozesse können letztlich nur durch unterschiedliche und mit ihnen zusammen gestaltete Wochenpläne unterstützt werden. Dabei gilt, daß WP-Arbeit in dem Maße eine typische Ausprägungsform offeneren Unterrichts wird, wie das „Einstiegsmodell" perspektivisch weiterentwickelt und mit anderen Reformkonzepten und -linien verknüpft wird.

Aus Pflicht/Verbindlichkeit/Vorschrift wird Selbstverpflichtung/Eigenverantwortung/Kontrakt. Aus Wahlpflicht mit wenigen Alternativen wird Wahlpflicht mit vielen, auch selbstgefundenen Alternativen. Aus Angeboten oder eigenständigem „Ausfüllen" von verfügbaren „Restzeiten" wird Raum für Initiativen.

Dies bedeutet insbesondere die Erweiterung von formeller und informeller Interaktion, die markante Vermehrung sozialer Kontakte in der Lerngruppe durch deutliche (bei aller Individualisierung) Erhöhung der kooperativen, gemeinsam in Gruppen zu lösenden Aufgaben, und zwar überwiegend in der Form handelnden aktiven Lernens, aber auch in Formen nachdenklichen, bedächtigen und konzentrierten Erörterns von Sachzusammenhängen und Problemen.

Es scheint aber, als würden bisher die Chancen zur Entwicklung von Beziehungsfähigkeit, von Einfühlungsvermögen in Gedankengänge und Empfindungen anderer, von behutsamen und friedlichen Umgangsformen und zur De-Eskalation von Konflikten, die sich im Kontext von längerfristig verabredeten Kontrakten und offeneren Unterrichtsformen bieten, im Erfahrungsraum Schule noch nicht professionell genutzt, und zwar wegen des unbedingten Vorranges von sogenannten kognitiven Lernleistungen mit vermutetem hohen gesellschaftlichen „Tauschwert".

Perspektiven für die Wochenplanarbeit nach der Grundschulzeit

Zwei weitere Zielsetzungen, die sich qualitativ von den bisher benannten unterscheiden und weit über die Grundschule hinausreichen, sollen abschließend skizziert werden. Sie können gewissermaßen als Kern einer reformorientierten Veränderung (innere Schulreform) der auf die Grundschule folgende Stufe angesehen werden.

• Öffnung der weiterführenden Schulen für die in der Grundschule begonnenen und längerfristig gemeinten Konzepte,

• längere Offenheit der individuellen Bildungsgänge über die Grundschule hinaus.

Eine Öffnung der weiterführenden Schulen für Entwicklungen (Konzepte), die in der Grundschule begonnen worden sind, wäre zum einen relativ pragmatisch mit Blick auf Kontinuität des Lernens, auf das bruchlose Weiterführen von Lern- und Arbeitsstilen bei den Heranwachsenden, auf ein Vermeiden von harten Umstellungen beim Übergang in eine andere Institution und dem damit verbundenen Risiko von Lernkrisen genügend plausibel zu begründen. Nimmt man die in der Grundschule begonnene gezielte Unterstützung der Selbständigkeitsentwicklung aller Kinder hinzu, die in den typischen Ausprägungsformen von offenerem Unterricht dort sichtbar wird, ergäbe sich von daher auch eine pädagogisch-didaktische Leitlinie für die weiterführenden Schulen. Eine derartige Veränderung in der Unterrichtskultur der weiterführenden Schulen könnte auch die Weiterentwicklung von WP-Arbeit bzw. von längerfristigen Arbeitsplänen und -absprachen in der Grundschule quasi „rückwirkend" begünstigen, weil dann die Grundschullehrerinnen und -lehrer eine sinnvolle Fortsetzung ihrer eigenen Unterrichtsarbeit erkennen könnten (d. h. dann auch mehr Sinn in ihrer Schulpraxis fänden).

Ein nicht selten zu konstatierender deutlicher Abbruch der grundschultypischen Unterrichtsarbeit in den weiterführenden Schulen läßt bisher in vielen Fällen die Lehrer und Lehrerinnen in der Grundschule oft am Sinn einer Fortsetzung ihrer reformerischen Anstrengungen zweifeln. Vielfach lähmt jene hier nur kurz angedeutete Diskontinuität eine systematische innere Entwicklung und führt eher dazu, daß sich alles auf die am Ende der Grundschulzeit fällige Verteilung der Kinder auf unterschiedliche Bildungsgänge konzentriert.

Die bildungspolitisch gravierende Forderung nach einem längeren Offenhalten aller Bildungsgänge begründet sich in dem hier diskutierten Zusammenhang aus jenen markanten Behinderungen reformorientierter Konzepte in der Grundschule, die sich aus eben dieser Verteilungsfunktion und ihren Rückwirkungen ergeben. Eine Schule, die nicht mehr verfrüht (und zudem unbegründbar!) „zuordnet" und „verteilt", sondern sich auch als weiterführende Schule als institutionell offen ausgeformte Chance für individuell wählbare Bildungswege begreift, wäre ständig neu leistungsfordernd und human zugleich. Mit ihr würden die erwähnten, vielfach systembedingten Behinderungen beendet.

Mit anderen Worten: Die systemimmanente Behinderung in der Grundschule, daß nämlich Lehrerinnen und Lehrer dort die letzte Phase der Grundstufe vor der Verteilung auf weiterführende Bildungsgänge gewissermaßen auch als das Ende ihrer eigenen Bildungs- und Erziehungsanstrengungen ansehen, als ihre eigentliche „Zielphase" begreifen, könnte abgebaut werden. Derzeit werden über die Grundschulzeit hinaus — wie dies einer längerfristigen Zielsetzung eigentlich entspräche — kaum Vorstellungen, allenfalls Befürchtungen entwickelt. Es wird — aus durchaus verständlichen und systembedingt naheliegenden Gründen — kein weiterreichendes Konzept „gedacht" und kein Anlaß für eine über die Grundschulzeit hinausreichende Verantwortung empfunden.

Die Kinder werden „abgegeben" und von den Lehrerinnen und Lehrern „übernommen" — institutionelles Denken verdrängt pädagogisches Denken und Handeln. Eigentlich müßten die Kinder „hingebracht", „übergeben" und „abgeholt" werden. Aber die meisten sogenannten Kooperationen zwischen der Grundschule als „Stufe" und den weiterführenden Schulen erschöpfen sich in wechselseitig oder einseitig (nach unten!) erhobenen Forderungen und in zumeist recht vordergründigen „Abgleichungen" von „Unterrichtsstoff".

Kontinuität im Sinne einer prozeßhaft begriffenen, weiter-führenden und die grund-gelegten Lernentwicklungen systematisch unterstützenden bzw. aufgreifenden Konzeption der Sekundarstufe wird vielfach gar nicht für möglich gehalten. Für WP-Arbeit in der Grundschule bedeutet dies eine wesentliche Beeinträchtigung der denkbaren Entwicklungsmöglichkeiten. Jede Öffnung der weiterführenden Schulen könnte einen deutlichen Anschub für die Reformarbeit in der Grundschule bedeuten.

Literatur

Claussen, C.: Erzieherische Aspekte des Wochenplanunterrichts in der Grundschule in Theorie und Praxis. Unveröffentlichte Diplomarbeit, Frankfurt 1991
Hagstedt, H.: Schüler können machen, was ihre Lehrer wollen — Wochenplanerei: Zur späten Karriere eines betagten didaktischen Themas. In: paed. extra 10/1987, S. 7 ff.
Huschke, P./Mangelsdorf, M.: Wochenplanunterricht, Weinheim 1988
Kasper, H. (Hrsg.): Laßt die Kinder lernen . . . Braunschweig 1989
Mangelsdorf, M./Claussen, C.: Wochenplanunterricht in der Grundschule. PRAXIS GRUNDSCHULE, Heft 2, Mai 1989
Sennlaub, G. (Hrsg.): Mit Feuereifer dabei — Praxisberichte über Freie Arbeit und Wochenplan. Heinsberg 1983
Sennlaub, G.: Feuer und Flamme — 99 Vorschläge zu Arbeitsmitteln für Freie Arbeit und Wochenplan. Heinsberg 1984
Strote, I.: Das Wochenplanbuch für die Grundschule. Heinsberg 1985
Wallrabenstein, W.: Offene Schule — Offener Unterricht, Hamburg 1990

Erläuterungen zu den einzelnen Seiten

Soziale Situationen

Am Beispiel eines WP wird exemplarisch gezeigt, welche typischen Unterrichtssituationen daraufhin innerhalb einer einzigen Unterrichtssequenz *nebeneinander* stattfinden können.

In diesen Unterrichtssituationen werden Entscheidungen der Kinder sichtbar, die sie aufgrund einer Sache, eines speziellen Interesses an einer Sache und/oder aufgrund ihrer Neigung/ Erfahrung, alleine oder mit anderen zusammen arbeiten zu wollen, treffen müssen oder können.

Binnendifferenzierung im Unterricht wird hier an den verschiedenen, angemessenen Lernhilfen deutlich, die die Kinder nützen können: Hilfen von der Lehrerin, vom Partner, von der Gruppe, aus Büchern und Materialien. Weitere Formen der Differenzierung nach Menge, Tempo, sozialer Zuwendung und spezifischen Lernhilfen sind denkbar. Der ausgewählte WP enthält in allen Feldern (auch in Mathematik, siehe Sachrechenkartei) inhaltsbezogene Entscheidungsmöglichkeiten für die Kinder.

Spur im Raum

An dem ausgewählten Bild eines Klassenraumes wird erkennbar, daß im Zusammenhang mit WP Einzel-, Partner- und Gruppenarbeit möglich ist, jedoch auch zu einem Gesprächskreis oder zu einer Gruppenunterweisung (aufgrund beobachteter, gehäuft auftretender Schwierigkeiten) umgeräumt bzw. flexibel reagiert werden kann.

Einige typische Merkmale von WP-Unterricht im Raum:

- Selbstkontrolle anhand von Kontrollblättern an der Pinnwand, die der Lehrer vorbereitet hat;
- Angebot unterschiedlicher Lernkarteien;

- Ablagemöglichkeit für unfertige und fertige Wochenpläne;
- verschiedene Ecken;
- Gruppen- und Einzelarbeitsplätze.

„Spur" eines Schülers im Klassenraum während der WP-Stunde: Uwe wählt aus der Diktatkartei einen Text aus, trägt im WP ein, welchen er gewählt hat, übt alleine, läßt sich von einem Partner diktieren, geht zum Kontrollzettel, korrigiert sein Arbeitsergebnis und legt es ab, stellt die Karteikarte zurück, geht zum Lesen in die Leseecke und anschließend wieder auf seinen Platz.

90 Minuten WP

Die Ergebnisse von 90 Minuten WP-Arbeit eines Kindes können folgendermaßen beschrieben und kommentiert werden: Kurz bevor die Zeugnisse ausgegeben wurden, hat Hasan als freie Schreibaufgabe innerhalb des WP den abgebildeten Text formuliert. Auf dem Rechenblatt stehen gelöste Aufgaben aus dem Rechenbuch der Klasse, von Hasan am Kontrollblatt kontrolliert (Häkchen) und von der Lehrerin abgezeichnet (Paraphe). Zum Sachunterrichtsthema hat er Informationen gefunden und gelesen. Zum *Angebot* aus dem WP hat Hasan mit seiner Tischgruppe Material zusammengetragen und so eine weitere Aktivität vorbereitet. An den Ergebnissen wird *nicht* sichtbar, daß *zwischendurch* in der WP-Stunde Gespräche zwischen den Kindern stattgefunden haben, die ganz unterschiedliche Funktionen hatten: Sachklärungen zur Vorbereitung, Mitteilung über eine gefundene Information, Bitten um Hilfen bei Unklarheiten und Mißverständnissen, Beratung mit dem Mädchen, das zeigt, wie Tropfbilder hergestellt werden.

WP-Unterricht aus der Sicht einer Lehrerin

Diese Seite zeigt die zu den Situationen der Kinder komplementären Situationen der Lehrerin, die sie nacheinander erlebt oder hervorruft, und zwar aufgrund ihrer Beobachtungen während der WP-Stunde. So gibt sie differenzierende Hilfen bei Schwierigkeiten und unzureichend ausgeführten Aufgaben oder aufgrund ihrer vorausgegangenen (vom Vortage) Beobachtungen und interpretativer Planung. Sie geht auf höchst unterschiedliche Weise auf die Schwierigkeiten der Kinder ein, sucht die dem jeweiligen Kind entsprechende Hilfe und versucht, „jedem das Seine" zu geben. Sie unterweist z. B. eine Gruppe, die sie aufgrund ihrer Beobachtungen zusammengestellt hat, oder reduziert für einzelne Kinder die Menge der Aufgaben.

Schreibtischarbeit weist ebenfalls auf vorausgehende Planung: Die Lehrerin stellt die Aufgaben zusammen, die sie selbst vorhat und kombiniert sie mit jenen Aufgaben und Aktivitäten, die von seiten der Kinder im Freitagskreis vorgeschlagen worden sind: Die Kinder wissen dann schon in etwa, was mit dem neuen WP auf sie zukommt. Oder sie beteiligt sich auch mal als Interessierte, als Neugierige am laufenden Projekt und lernt mit den Kindern.

Spur im Raum aus der Sicht des Lehrers

Mit dieser Abbildung soll verdeutlicht werden, wie *vielfältig* und unterschiedlich die Aktivitäten eines Lehrers/einer Lehrerin während einer WP-Stunde sein können. Die Abbildung ist ein „Wesensbild"; dokumentierte sie beobachteten Unterricht, ließe sich zu jeder „Situation" im Raum die spezifische Ausprägung und der spezifische Inhalt der Kommunikations- oder Lernsituationen wiedergeben.

Die Nachbereitung

Jede WP-Stunde ist ein Ausschnitt, eine Zeitspanne aus einem Prozeß, der lange vorher beginnt und anschließend weitergeht. Deshalb ist es nützlich, die *frischen Eindrücke* und *„flüchtigen"* Beobachtungen festzuhalten, um die Lernentwicklung der Kinder zu verfolgen und die nächste WP-Stunde, d. h. die unter Umständen notwendig werdenden spezifischen Lernsituationen, vorbereiten zu können. Eindrücke und Beobachtungsergebnisse werden im Tagebuch gestgehalten. Die Kästen mit den unfertigen und fertigen WP-Mappen werden von der Lehrerin durchgesehen; sie zieht Schlüsse aus dem, was sie vorfindet, und macht sich Notizen für den nächsten Tag. (ohne *Abb.*)

Ablaufplan

Er faßt kurz und stichpunktartig den erfahrungsgemäß günstigen Weg bei der Einführung von Wochenplanarbeit in 1. Schuljahren so zusammen, daß man ihn mit einem Blick übersehen kann. Er ist im begleitenden Text ausführlich erläutert.

Tagespläne

Beispiel 1: Zu Anfang (aber auch später an jedem Tag!) bespricht die Lehrerin den Tagesablauf mit den Kindern an der Tafel und befestigt z. B. an einem *Tagesstreifen* einfache Symbolkarten (siehe Legenda), die sich die Kinder leicht merken und dann „lesen" können. Dies ist die erste Möglichkeit, Kinder an der Unterrichtsplanung zu beteiligen (Auswirkungen auf den WP-Unterricht).

Die Kinder können Wünsche zu Inhalten äußern und mit der Lehrerin verhandeln bzw. mit deren Vorschlägen verbinden, z. B.: Die Kinder wünschen: „Du hast uns doch versprochen, heute mit uns zu turnen!" Die Lehrerin fügt diesen Wunsch entweder in den Tagesplan ein (wenn's mit der Turnhalle oder der nahegelegenen Wiese klappt!) oder verschiebt die Angelegenheit begründet auf einen anderen Tag.

Die Kinder können auch Wünsche zur Reihenfolge äußern. In diesen Tagesplänen taucht nach und nach das Symbol WP auf, auch das Symbol FA (freie Arbeit), mit dem die Lehrerin auf aktuelle Anregungen der Kinder eingehen kann.

Beispiel 2: Hierbei wird der oben beschriebene *Tagesstreifen* in eine *Wochentafel* eingefügt. Der Pfeil zeigt jeweils, welcher Tag „dran" ist. Jeder Tag, der beendet ist, wird wieder abgeräumt. Vorhaben etwa, die schon für den nächsten Tag verhandelt sind (z. B. die verschobene Turnstunde), können bereits gesteckt werden und sind am nächsten Morgen schon ein festes Datum. So werden die Kinder an Wochenübersichten und an Symbollesen gewöhnt.

Klassen-Stundenplan

Er steht im Zusammenhang mit einer gleitenden Schulanfangsphase und hat — mit Blick auf WP-Unterricht — eine dreifache, unterstützende Funktion. Gleitende Schulanfangsphase bedeutet, daß die Kinder einer Schulanfängerklasse in den ersten Schulwochen in zwei Teilgruppen eingeteilt werden (siehe dazu entsprechende Symbole im Klassen-Stundenplan). Diese Teil-gruppen haben, wie im vorliegenden Beispiel nachzulesen ist, je drei getrennte und siebzehn gemeinsame Unterrichtsstunden. (Das sind für jedes einzelne Kind 20 Unterrichtsstunden.) Aus einem derartigen Klassen-Stundenplan erfahren die Kinder, wann sie nur in ihrer Teilgruppe Unterricht haben und wann sie mit allen anderen zusammen lernen, wann sie in die Schule kommen müssen bzw. wie lange sie dableiben müssen.

Mit Blick auf den WP-Unterricht besteht die dreifache Funktion eines solchen Planes aus folgendem:

• Die Kinder gewinnen Überblick über das „Zeitgerüst" ihrer Schulwoche.

• Die Kinder erlernen und üben das Symbollesen.

• Die Lehrerin hat öfter eine kleinere Gruppe von Kindern und kann intensiv und sorgfältig Vorübungen für den WP-Unterricht durchführen.

Einführung von WP-Arbeit in einer 3. Klasse

Im Unterschied zum 1. Schuljahr trifft der Lehrer, der z. B. in einem 3. Schuljahr, das er neu übernimmt, WP-Arbeit einführen will, auf eine für ihn unbekannte Situation, und zwar hinsichtlich der Lernvoraussetzungen, die andere vor ihm geschaffen haben.

Deshalb ist der dafür vorgesehene Ablaufplan zur Einführung der WP-Arbeit auch nach anderen Schwerpunkten gegliedert. Er beginnt mit einer „Checkliste" (Phase A): Der Lehrer vergewissert sich mit ihr, ob die Kinder jene Voraussetzungen mitbringen, die er für WP-Arbeit nutzen will. Die Phase B ist zweigeteilt. Der erste Teil hängt vom Ergebnis der Phase A ab. Stellt der Lehrer nämlich erhebliche Defizite fest, muß er zahlreiche Vorübungen durchführen und praktisch nachholen, was fehlt. Der zweite Teil skizziert die unterschiedlichen Teilbereiche von WP, die die Kinder kennen müssen, bevor sie beginnen können (z. B. Pflichtaufgaben von seiten des Lehrers, frei wählbare Angebote usw.). Die Phase C enthält die direkten Verabredungen zum ersten WP.

Veränderungen im Klassenzimmer

Zunächst wird auf die Seite bezüglich „Spuren" im Raum verwiesen (aus der Sicht eines Schülers). Sie zeigen keine „Stillsitzschule", sondern einen Klassenraum mit vielfältigen geregelten „Bewegungen" während der WP-Stunde.

Deshalb erscheint auch das konventionell eingerichtete Klassenzimmer als *hinderliche Umgebung* für WP-Unterricht nach unserem bisher skizzierten Anspruch.

Sind die Bedingungen in den Grundschulen ähnlich wie im vorliegenden Beispiel auf S. 81, so gibt das für WP-Unterricht umgeräumte Klassenzimmer zahlreiche zweckdienliche Hinweise. Sind die Bedingungen und die Auffassungen über Unterrichtsformen jedoch anders, so sind gleichwohl zahlreiche Alternativen zu erwägen. Wir nennen für diese Erwägungen einige nützliche Kriterien: Günstig für WP-Unterricht sind:

- Flächen zum Aufhängen von Kontrollzetteln, Wunschzetteln, Schülerarbeiten (Pinnwände);
- Stellflächen für Karteien, Materialien und Ablagekästen sowie „Entdeckungstische";
- Regale für Materialien und Bücher;
- Gruppen- und Einzeltische;
- „Rückzugsmöglichkeiten";
- Möglichkeiten der flexiblen Gestaltung eines Morgen-, Gesprächs- und Wochenschlußkreises, aber auch zur gelegentlichen frontal ausgerichteten Sitzordnung;
- Gestaltung von funktionsbezogenen Ecken (z. B. Leseecke).

Literatur: K. H. Burk/Dieter Haarmann (Wie viele Ecken hat unsere Schule?/Arbeitskreis Grundschule e. V., Frankfurt 1979) (ohne *Abb.*)

Der Beispielplan

Dieser Beispielplan faßt noch einmal alles zusammen, was einerseits an Pflichtaufgaben, andererseits aber auch an Freiräumen vorgegeben war und sich dann durch inhaltliche Entscheidungen von Kindern „gefüllt" hat. Wir verweisen in diesem Zusammenhang auf die mehrfach erwähnte Planung mit den Kindern.

Alle vom Lehrer/von der Lehrerin in den WP geschriebenen Texte sind in Druckschrift wiedergegeben. An zwei Stellen („Freies Schreiben" und „Projekt") sind individuell getroffene und als verbindlich eingetragene Entscheidungen von Kindern in Schreibschrift wiedergegeben.

Die Hinweise auf Andreas und Jonas bedeuten, daß diese beiden Kinder Zettel ans „Schwarze Brett" geheftet hatten, deren Vorschläge dann in den nächsten Wochenplan übernommen wurden.

Individuelle Veränderungen von Wochenplänen

Mit zwei Beispielen sollen die möglichen individuellen Veränderungen von Wochenplänen *besonders hervorgehoben werden:*

1. Beispiel: Grund für die Veränderungen waren die noch zu schwierigen

Aufgaben. Das Kind erhält eine andere Rechenübungskarte; es ist noch nicht so weit im Lehrgang vorangekommen. Diese Veränderung beruht auf einer *Lehrerentscheidung.*
Das Kind selbst hat sein eigenes Thema im Freien Schreiben und eine eigene Aktivität aus dem laufenden Projekt gewählt; dies bedeutet *Kinderentscheidung.* Auf diese Weise entsteht ein in Teilen individueller Wochenplan.

2. Beispiel: Hier liegt der Grund im verhältnismäßig *geringen Arbeitstempo* des Kindes *bei durchaus gewonnener mathematischer Erkenntnis.*
Der Lehrer/die Lehrerin reduziert die *Menge der Aufgaben = Lehrerentscheidung.* Auch dieses Kind wählt eine eigene Form im Freien Schreiben. Es entsteht wieder ein anderer, aber ebenso in Teilen individueller WP.

Analyse von Wochenplänen

Alternative 1: Der geschlossene Wochenplan
Geschlossene WP enthalten nur vorgegebene Aufgaben. Bei ihnen ist keine Beteiligung von und fast keine Entscheidung durch die Kinder mehr möglich. Es sind in der Regel noch nicht einmal alternative Aufgaben zur Auswahl enthalten. Interessenschwerpunkte und Neigungen der Kinder finden keinerlei Berücksichtigung; es ist auch keine Öffnung in diese Richtung. Eine relativ starke Bindung an Schulbücher und Arbeitsblätter ist üblich; eine Verbindung zu Projekten in der Klasse ist demgegenüber nicht vorgesehen.
Wir zeigen einen solchen Plan dennoch und kontrastieren ihn mit offeneren Plänen, weil in dem Instrument Wochenplan prinzipiell auch diese

eher negative Ausprägung enthalten ist.
Besondere Negativkriterien: Die Kinder sind ausschließlich „Befehlsempfänger" und von daher gesehen an ihrem eigenen Lernprozeß weder bewußt noch aktiv beteiligt.
Das einzige Ziel, auf das hin die Kinder letztlich arbeiten, ist die Soll-Erfüllung des WP; sie empfinden dabei Druck, und es ist überdies denkbar, daß Konkurrenzverhalten begünstigt wird. Ein solcher Plan ist zwar schon ein erster Schritt vom Frontalunterricht weg, weil er Elemente von Binnendifferenzierung (z. B. differenzierte Hilfestellung und Zuwendung von seiten des Lehrers/der Lehrerin) enthält und Entscheidungsmöglichkeiten über Reihenfolge und Zeiteinteilung zuläßt. Insgesamt verbinden sich aber mit dem Instrument WP weitaus offenere, pädagogisch sinnvollere und auch erzieherisch wirksamere Möglichkeiten.

Analyse von Wochenplänen

Alternative 2: Der völlig offene Wochenplan
Solche WP drücken die Erwartung an die Kinder aus, für die aufgeführten Bereiche (siehe linke Spalte) völlig selbständig oder in Absprache mit anderen Aufgaben, Aktivitäten und/oder Vorhaben finden zu können, sich angesichts angebotener Lernmöglichkeiten selbst dafür entscheiden zu können. Wir zeigen auch den völlig offenen Plan und kontrastieren ihn mit den von uns bevorzugten Formen, um auf die damit verbundenen Schwierigkeiten aufmerksam machen zu können.
Besondere Negativ-Kriterien: Die Kinder können dabei sehr leicht Übersicht und Orientierung verlieren; sie

können überfordert sein bezüglich ihrer Auswahl-, Entscheidungs- und Entschlußfähigkeit. Häufig kostet der Entscheidungsprozeß der Kinder — die sich einfach nicht entschließen können — zuviel Zeit (sie suchen herum und finden gerade nichts „Passendes"). Insbesondere erfordern die *Lehrgänge* aufgrund ihrer inneren Zusammenhänge eine *ständige Beobachtung und Steuerung* durch Lehrer oder Lehrerin, weil die Kinder diese Zusammenhänge noch nicht durchschauen.

Wochenplanbaukasten

Mit dem „Baukasten" auf S. 93 wollen wir die Montage von WP für den je eigenen Bedarf im ersten und zweiten Schuljahr erleichtern. Auf dieser Seite befindet sich eine Kopiervorlage des von uns als zweckmäßig erachteten und vielfach praktisch erprobten Musters: Zeitspanne, Name, zwei Spalten zur Kennzeichnung von „fertig" (durch die Kinder) und „überprüft" (durch die Kinder den/die Lehrer/in).
In die Symbolfelder können die auf S. 87 abgedruckten Symbolkärtchen eingeklebt und in den Aufgabenfeldern durch kurze schriftliche Hinweise ergänzt werden.
Auf S. 94 finden sich praktische Hinweise zur grafischen Gestaltung von WP (z. B. zur Vorbereitung von Kopiervorlagen) für erste Schuljahre.
S. 95 und 96 enthalten die Symbole im größeren Format. Sie können fotokopiert, ausgeschnitten, auf größere Papp-Karten geklebt und für die beschriebenen Tagesstreifen an der Tafel oder die Tagesstreifen in der Wochentafel sowie für große Wochenpläne an der Wand verwendet werden.

Literatur

Heinemann, D. u. a.: Materialien zum Unterricht Primarstufe Heft 13, Deutsch 3, Anregungen zur Erstellung einer eigenen Übungskartei, Arbeit mit dem Grundwortschatz. Wiesbaden (HIBS) 1985
Sennlaub, G. (Hrsg.): Mit Feuereifer dabei. Praxisberichte über Freie Arbeit und Wochenplan. Heinsberg (Agentur Dieck) 1983
Huschke, P./Mangelsdorf, M.: Wochenplanunterricht. Weinheim und Basel (Beltz) 1988
Strote, I.: Das Wochenplanbuch für die Grundschule, Heinsberg (Agentur Dieck) 1985

Aus der Sicht von Schülerinnen und Schülern:
Soziale Situationen im Unterricht

Einzelarbeit

Klassen-
bücherei
Recherchieren

Einzelarbeit
Übung

Wochenplan vom 3.–7. Oktober	Name _____	kontrol-liert	fertig
Sachunterricht: Für unser nächstes Sachthema Wald stehen viele Bücher in der Klassenbücherei. Lies und suche Ideen, zusammen mit deiner Tischgruppe.			
Freies Schreiben:			
Lesekartei: Suche dir eine Geschichte aus der Lese-kartei und übe sie. Am nächsten Montag ist Lesekreis.			
Mathematik: Rechenbuch S. 39, Aufgaben 5, 6, 7, 8 und 9. Sachrechenkartei!			
Angebot: Clara benutzt die Kerzen im Schrank, um Tropfbilder herzustellen. Laßt euch von ihr zeigen, wie sie es macht, und versucht es auch.			

Montag	Dienstag	Mittwoch	Donnerstag	Freitag

Lesekartei
Übung

Differen-
zierende Hilfe
Beratung

Partner-
oder
Gruppenarbeit.

Wochenplan-Unterricht 2

Aus der Sicht eines Schülers:
Individuelle „Spur" im Raum

Wochenplan vom 3.–7. Oktober	Name _____	kontrol- liert	fertig
Sachunterricht:			
Freies Schreiben:			
Lesekartei:			
Mathematik:			
Angebot:			
Montag	Dienstag	Mittwoch	Donnerstag	Freitag

Schulmöbel-Katalog von Pel GmbH, Düsseldorf o. J.

Aus der Sicht eines Schülers:
Ergebnisse von 90 Minuten Wochenplanarbeit

Freier Text, unkorrigiert

Wochenplan für den 13.–19. 7.	Name: Hasan	fertig	kontrolliert
Sachunterricht: Für unser nächstes Sachthema Wald stehen viele Bücher bereit. Lies und suche Ideen, zusammen mit deiner Tischgruppe.			
Freies Schreiben Ich schreibe mir mein Zeugnis selbst			
Lesekartei: Suche dir eine Geschichte aus der Lesekartei und übe sie. Am nächsten Montag ist Lesekreis.			
Mathematik: Rechenbuch, S. 34, Aufgaben 5, 6, 7.			
Angebot: Clara benutzt die Kerzen im Schrank, um Tropf- bilder herzustellen. Laßt euch von ihr zeigen, wie sie es macht.			
Montag	Dienstag	Mittwoch	Donnerstag	Freitag

HASAN   Zeugnis   14.7.

Ich habe wenige Feler beim Diktat. Ich bin nicht so gut in Kunst. Ich bin gut in sesen. Ich habe manchmal Streit. Ich schreibe schöne geschten. Ich bin normal beim Sachkunde. Ich bin bizen laut beim Unterricht. Ich bin gut in Mathe. In Sport bin ich gut. Ich bin nicht so gut in Musig.

HASAN

Der Wald lebt
Streifzüge durch die Natur

Material für das Angebot vorbereiten

Streich- hölzer

S. 34, Nr. 5

$$\begin{array}{r} 47 \\ +7 \\ \hline 54 \checkmark \end{array} \qquad \begin{array}{r} 58 \\ +9 \\ \hline 67 \checkmark \end{array} \qquad \begin{array}{r} 83 \\ +8 \\ \hline 91 \checkmark \end{array}$$

$$\begin{array}{r} 16 \\ +5 \\ \hline 21 \checkmark \end{array} \qquad \begin{array}{r} 36 \\ -8 \\ \hline 28 \checkmark \end{array} \qquad \begin{array}{r} 72 \\ -5 \\ \hline 67 \checkmark \end{array}$$

$$\begin{array}{r} 24 \\ -5 \\ \hline 19 \checkmark \end{array} \qquad \begin{array}{r} 63 \\ -6 \\ \hline 57 \checkmark \end{array}$$

82

Aus der Sicht einer Lehrerin:
Vorbereitende Organisation und soziale Situationen im Unterricht

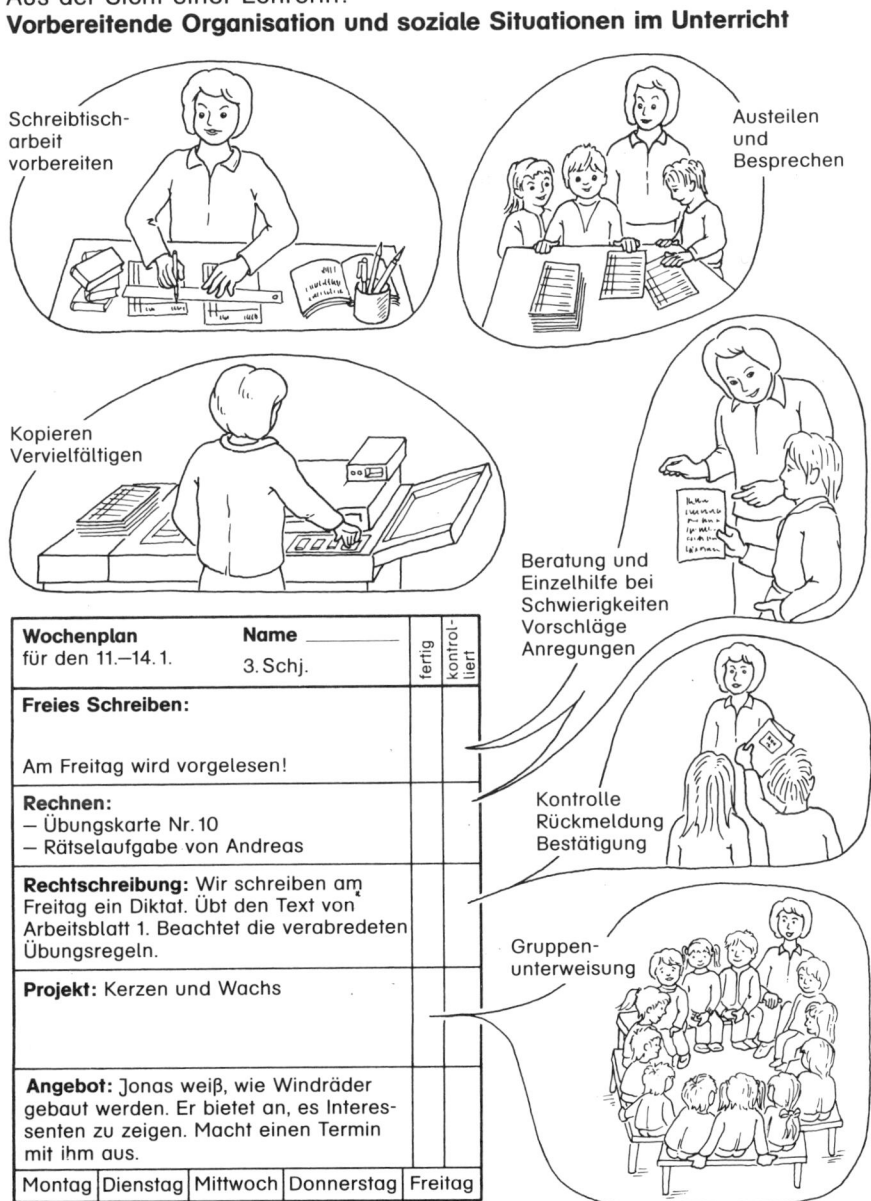

Schreibtisch-
arbeit
vorbereiten

Austeilen
und
Besprechen

Kopieren
Vervielfältigen

Beratung und
Einzelhilfe bei
Schwierigkeiten
Vorschläge
Anregungen

Kontrolle
Rückmeldung
Bestätigung

Gruppen-
unterweisung

Wochenplan für den 11.–14. 1.	Name ___ 3. Schj.	fertig	kontrol- liert
Freies Schreiben: Am Freitag wird vorgelesen!			
Rechnen: — Übungskarte Nr. 10 — Rätselaufgabe von Andreas			
Rechtschreibung: Wir schreiben am Freitag ein Diktat. Übt den Text von Arbeitsblatt 1. Beachtet die verabredeten Übungsregeln.			
Projekt: Kerzen und Wachs			
Angebot: Jonas weiß, wie Windräder gebaut werden. Er bietet an, es Interessenten zu zeigen. Macht einen Termin mit ihm aus.			
Montag	Dienstag	Mittwoch	Donnerstag	Freitag

Aus der Sicht eines Lehrers:

Individuelle „Spur" im Raum

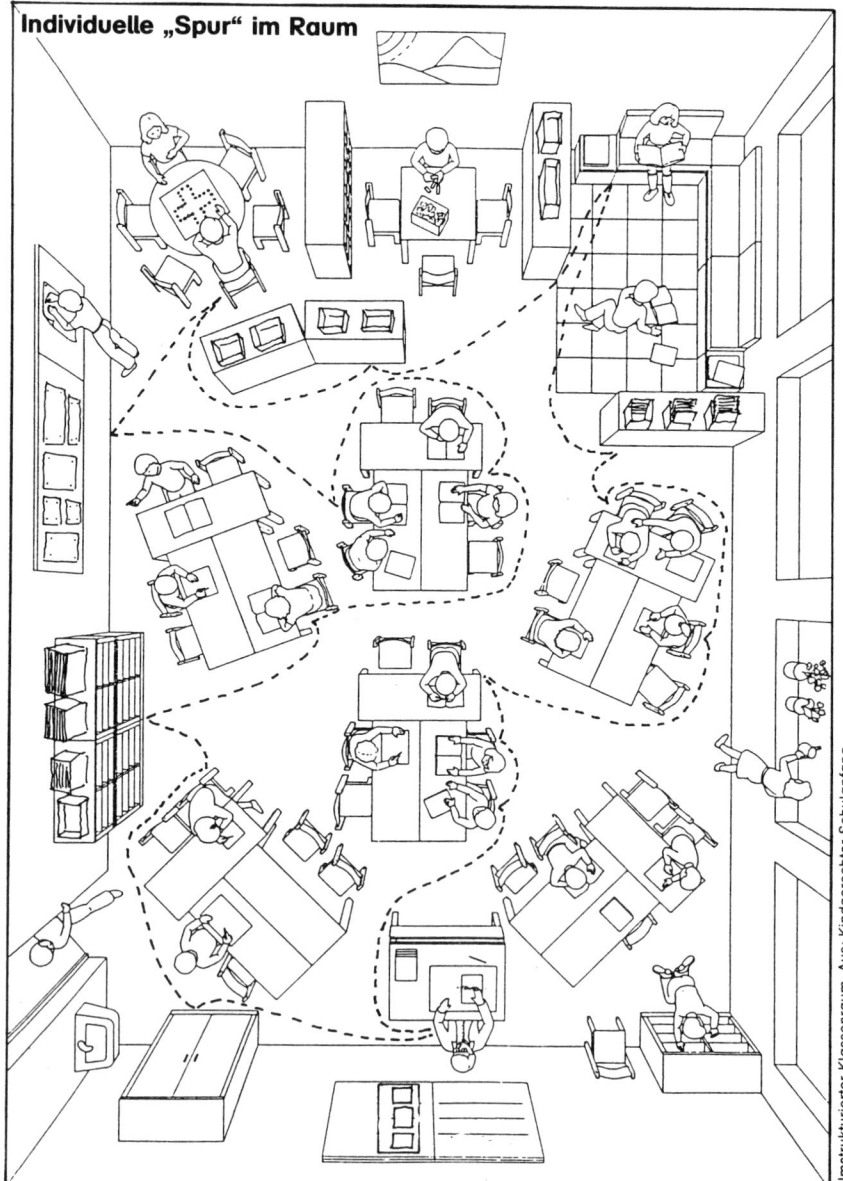

Umstrukturierter Klassenraum. Aus: Kindgerechter Schulanfang
Handbuch für den Primarbereich 80/81 von Wehrfritz

84

westermann®

COPY

Einführung der Wochenplanarbeit im 1. Schuljahr und in der
Eingangsstufe

Ablaufplan

A Material einführen — „Palette" der Möglichkeiten aufbauen
Material zeigen, ausprobieren,
verschiedene Möglichkeiten „erfinden" lassen.
Material im Raum deponieren und mit Symbolen
kennzeichnen.
Symbole lesen und entsprechend handeln lernen.

B Vorübungen (Prinzip: Nicht alle können das Gleiche tun)
1. Material aus Angeboten auswählen — sich entscheiden
lernen.
2. Zeitvorgabe: auswählen, handeln und dabei Zeitspannen
beachten lernen (Uhr, Klebepunkte).
3. Dasselbe unter Hinzunahme einer verbindlichen Aufgabe,
aber bei freier Verfügung über die Zeit.
4. Unterbrochene Zeitvorgabe: heute anfangen, morgen
weitermachen, übermorgen fertig werden.
5. Damit kein Kind die Übersicht verliert: Zusammenfassung
aller Aufgaben im Wochenplan — ein großer Plan an der
Wand.

Gewöhnung an Ordnungsformen: Ordner, Karteien,
Kästen etc.

C Wochenpläne für jedes einzelne Kind
Allmähliche Öffnung des Wochenplanes für selbstgewählte
Aufgaben und Aktivitäten

Tagespläne zum Einüben der gemeinsamen Planung

Klassenstundenplan bei gleitender Schulanfangsphase im 1. Schuljahr (in für Kinder lesbaren Symbolen)

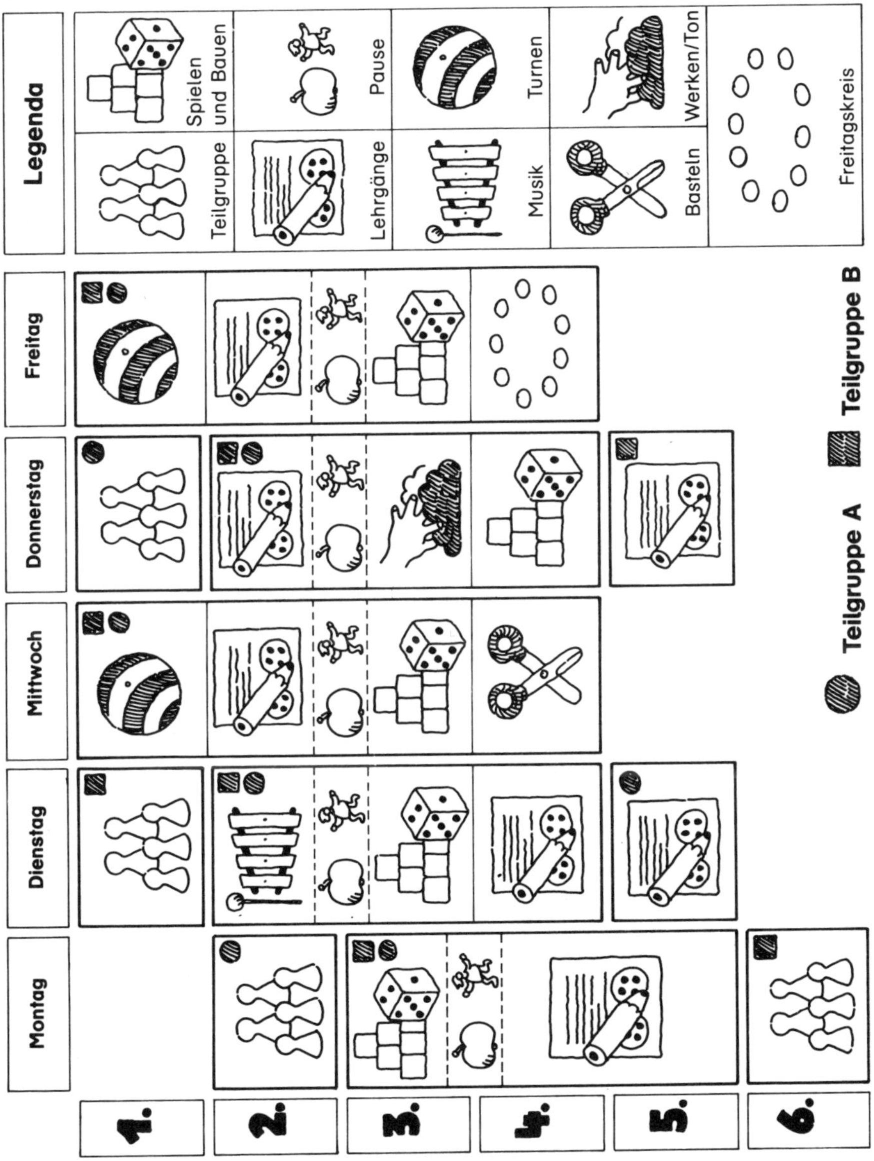

Legenda

- Spielen und Bauen
- Pause
- Turnen
- Werken/Ton
- Teilgruppe
- Lehrgänge
- Musik
- Basteln
- Freitagskreis

Freitag

Donnerstag

Mittwoch

Dienstag

Montag

● Teilgruppe A ▨ Teilgruppe B

Einführung der Wochenplanarbeit in einer 3. Klasse, die bisher anderen Unterricht gewöhnt ist

Ablaufplan

A Bestandsaufnahme („Checkliste")
Können die Kinder Arbeitsanweisungen lesen und ausführen?
Können die Kinder selber Ergebnisse kontrollieren?
Können die Kinder Partnerarbeit/Partnerdiktat?
Können die Kinder schon aus mehreren Angeboten auswählen?
Können sich die Kinder schon selbständig Jnformationen besorgen?
Können die Kinder schon selbständig mit Arbeitsmitteln umgehen?

B Vorübungen (falls erhebliche Defizite festgestellt worden sind)
Unterschiedliche Materialien einführen, beschriften und übersichtlich im Raum deponieren.
Tagespläne (mit Wochenplan-Anteil) einüben.
Regelungen erarbeiten und Absprachen treffen
(z. B. Ablageplätze für unfertige und fertige Wochenpläne, Schilder, Piktogramme, Kästen, Ordner).
Erläuterungen zu den verschiedenen Wochenplan-Anteilen.
○ Aufgaben, die der Lehrer/die Lehrerin gibt und die alle machen müssen;
○ frei wählbare Aufgaben, die als „Angebot" gekennzeichnet sind;
○ völlig freie Aktivitäten, die als freier Platz im Plan ausgewiesen sind, z. B. nur mit „Freies Schreiben" gekennzeichnet.

C Direkte Verabredungen zum 1. Wochenplan,
den jedes Kind in die Hand bekommt
○ Austeilen der Wochenpläne
○ Einordnen von WP-Arbeit im Klassenstundenplan
○ Lesezeit und gemeinsame Besprechung
○ Arbeitsbeginn

88

Beispielplan mit Kurzkommentaren

Wochenplan für den 11.–14. 1.	Name *Angelika*	fertig	kontrolliert
Freies Schreiben: *Brief an Julius in der Partnerklasse* Am Freitag wird vorgelesen!			
Rechnen: — Übungskarte Nr. 10 — Rätselaufgabe von Andreas			
Rechtschreiben: Wir schreiben am Freitag ein Diktat. Übe den Text von Arbeitsblatt 1. Beachtet die verabredeten Übungs-regeln.			
Projekt: Kerzen und Wachs *Ich mache Kerzen, die abwechelnd rot und blau sind.*			
Angebot: Jonas weiß, wie Windräder gebaut werden. Er bietet an, es anderen Kindern zu zeigen. Macht einen Termin mit ihm aus!			

Montag	Dienstag	Mittwoch	Donnerstag	Freitag

Beim Freien Schreiben ist die Form (Brief, Gedicht, Geschichte, Sachtext) frei, ebenso das Thema. Es ist freigestellt, ob der Text alleine oder mit anderen ge-meinsam geschrieben wird. Wenn der Text im WP ein-getragen ist, dann ist er ver-bindlich.

Die Karteikarte stammt aus der klasseneigenen Rechen-übungs-Kartei (mit Selbst-kontrollmöglichkeiten). Die Rätselaufgabe hat Andreas extra für den Wochenplan erfunden. Sie ist im Freitags-kreis ausgewählt worden.

Der Diktattext ist gemeinsam mit allen Kindern entwickelt und dann auf das Arbeits-blatt geschrieben worden. Die Grundwortschatzwörter sind gekennzeichnet. Außer-dem gibt es gesonderte Hin-weise zu schwierigen Stel-len, Strukturen, Ableitungen.

Übungsregeln: Zuerst die neuen Grundwortschatz-wörter üben. Text zuerst ein-mal abschreiben: angucken, merken, auswendig auf-schreiben, kontrollieren.

Die Kinder wählen sich ein-zelne Aufgaben aus dem laufenden Projekt aus und führen sie während der WP-Stunde aus. Sie tragen die gewählten Aufgaben in ihre Pläne ein. Dann sind diese für sie verbindlich.

Das Angebot gilt nur für Kinder, die Interesse an dem Angebot und Lust dazu haben.

Individuelle Veränderungen von Wochenplänen

Wochenplan für den 11.–14.1.	Name Anna	fertig	kontrolliert	**Beispiel 1**
Freies Schreiben *Gedicht vom Schneemann* Am Freitag wird vorgelesen!				◄— Kinderentscheidung: Form und Thema
Rechnen: – Übungskarte Nr. 8 – Rätselaufgabe von Andreas				◄— Lehrerentscheidung: Auswahl von leichten Rechenaufgaben für Anna
Rechtschreiben: Wir schreiben am Freitag ein Diktat. Übt den Text von Arbeitsblatt 1. Beachtet die verabredeten Übungsregeln!				
Projekt: Kerzen und Wachs *ich mach ein Tropfbild*				◄— Kinderentscheidung
Angebot: Jonas weiß, wie Windräder gebaut werden. Er bietet an, es anderen Kindern zu zeigen. Macht einen Termin mit ihm aus! *3. Stunde am Donnerstag*				◄— Kinderentscheidung
Montag	Dienstag	Mittwoch	Donnerstag	Freitag

Wochenplan für den 3.–7.10.	Name Thomas	fertig	kontrolliert	**Beispiel 2**
Sachunterricht: Für unser nächstes Sachthema Wald stehen viele Bücher bereit. Lies und suche Ideen zusammen mit deiner Tischgruppe.				
Freies Schreiben: *Geschichte mit einem Bösen Hund.*				◄— Kinderentscheidung: Form und Thema
Lesekartei: Suche dir eine Geschichte aus der Lesekartei und übe sie. Am nächsten Montag ist Lesekreis.				
Mathematik: Rechenbuch, S. 34, Aufgaben 5, 6, 7.				◄— Lehrerentscheidung: Reduzierung der Aufgabenmenge für Thomas
Angebot: Clara benutzt die Kerzen im Schrank, um Tropfbilder herzustellen. Laßt euch von ihr zeigen, wie sie es macht.				
Montag	Dienstag	Mittwoch	Donnerstag	Freitag

Analyse von Wochenplänen

Alternative 1: Der geschlossene Wochenplan

Wochenplan für den _____	Name _____	kontrolliert	fertig
Deutsch Arbeits- blatt 1	①Kannst du erkennen, welche Wörter Tuwörter und welche Wörter Namenwörter sind? In deinem Deutschheft steht eine Hilfe dazu. Lies noch einmal nach. Ordne die Wörter richtig in die Tabelle ein!		
	②Erzähle (schreibe auf) die Geschichte, die auf dem Arbeitsblatt 2 in vier Bildern gemalt ist.		
Rechnen	①Stelle dir ein Blatt mit dem Einmaleins der 10 und ein Blatt mit dem Einmaleins der 5 her und lerne beide auswendig. Fragt euch gegenseitig durcheinander ab: „Wieviel ist 3×5?" usw.		
	②Rechenbuch, S. 48 Aufgabe 8, 9 und 10		
Sachunterricht	Suche aus dem Kalender heraus, wieviele Tage jeder Monat hat, und schreibe die Zahl auf das Blatt mit dem Monatsnamen von der vorigen Woche.		
Montag	Dienstag	Mittwoch	Donnerstag	Freitag

westermann®

Analyse von Wochenplänen

Alternative 2: **Der völlig offene Wochenplan**

Wochenplan für den		Name		
Was ich mir für diese Woche vornehme			fertig	über-prüft
Schreiben				
Lesen				
Rechnen				
Malen				
Vortrag halten				
Gedicht lernen				
Text drucken				

Wochenplan-Baukasten 1

Kopiervorlage zur Montage von Wochenplänen

Wochenplan für den	Name: _____	fertig	kontrolliert
Montag	Dienstag	Mittwoch	Donnerstag	Freitag

Wochenplan-Baukasten 2

Anleitung zur Gestaltung und Herstellung

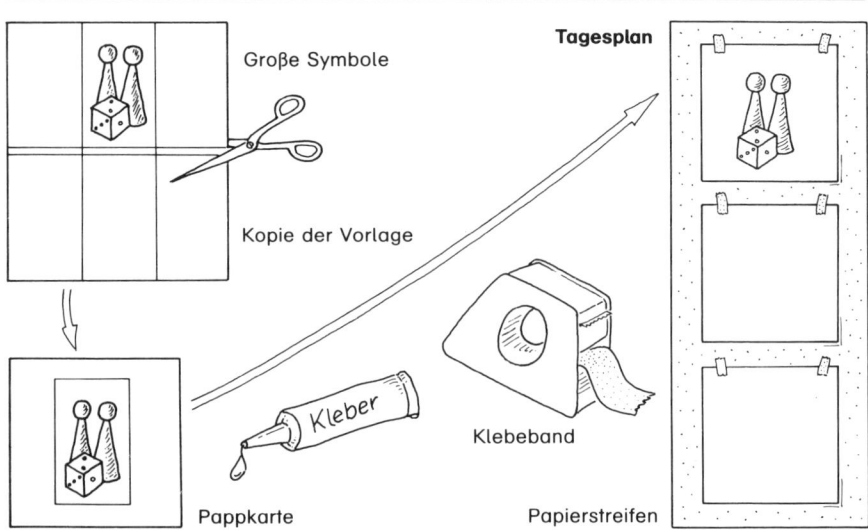

Kopie von der Kopiervorlage

Entweder

oder

Kleber

STICK

Kleine Symbole
Kopie der Vorlage

Thermo-
Kopierer

Umdruckmatrize

Umdrucker

Kopierer

Große Symbole

Tagesplan

Kopie der Vorlage

Pappkarte

Kleber

Klebeband

Papierstreifen

westermann®

Große Symbole für Tages- und Wochenpläne an Tafel und Wand

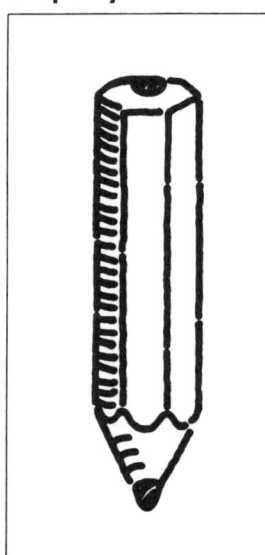
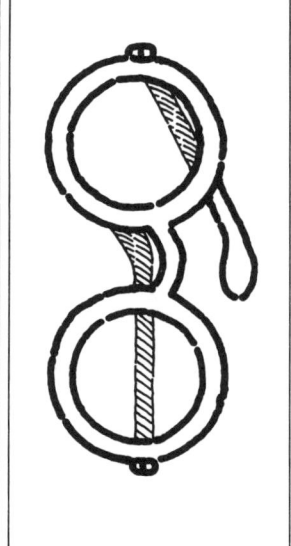
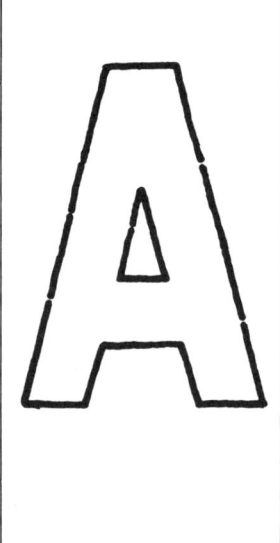

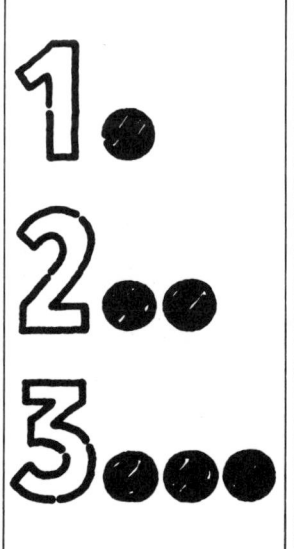
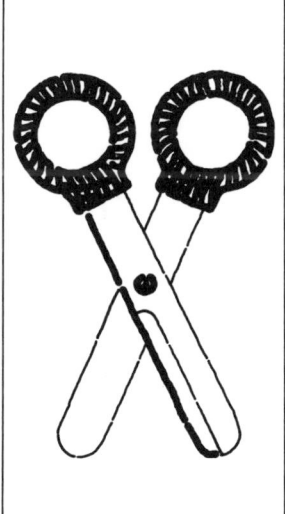
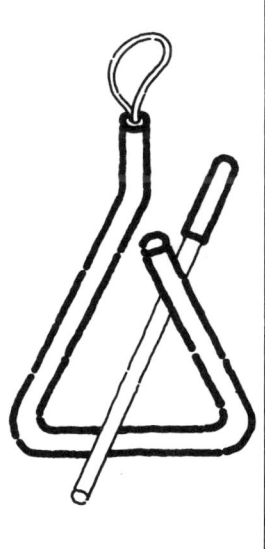

Große Symbole für Tages- und Wochenpläne an Tafel und Wand

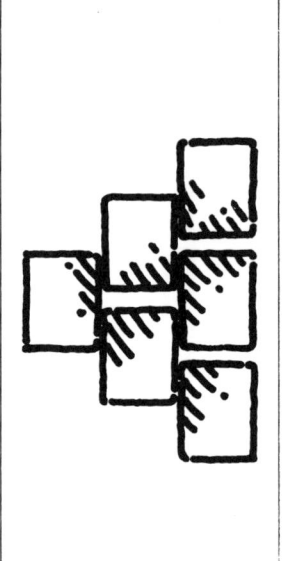

westermann®

Angela Ranisch

Freiarbeit –
eine notwendige Ergänzung

Offene Unterrichtsformen sind seit drei Jahren fester Bestandteil im Lernprozeß meiner Schüler. Neben dem frontalen Unterricht bieten Wochenplan- und Freiarbeit einen Ausgleich zur lehrerzentrierten Wissensvermittlung. Frei „arbeiten" heißt dabei keineswegs, daß die Schüler tun und lassen können, was sie wollen. Für die Kinder, Eltern und Pädagogen ist es bedeutsam zu wissen, daß bei der Freiarbeit gezielt gelernt wird. Das Kind kann jedoch frei entscheiden, was es, wie es, mit wem und wie lange es arbeiten möchte. So wird jedem Schüler ermöglicht, sich individuell, mit Hilfe geeigneter Lernmaterialien, selbst bilden zu können.

Voraussetzung ist eine Atmosphäre, die die Schule zum Lebensraum macht, wo man sich wohl fühlen, sich begegnen und voneinander lernen kann. Ich bin für die Interessen, Sorgen, Stimmungen und Eigenheiten eines jeden Kindes „offen". Handlungsbetonte Arbeitsweisen und Förderung von Selbständigkeit stehen im Vordergrund des Lernens. Die Schüler bekommen Gelegenheit, sich nach ihren Möglichkeiten Wissen anzueignen. Es zählt nicht, wer der Beste ist, jeder darf zeigen, was er kann. So wird Freude am Lernen erhalten.

Angstfreiheit und Freiwilligkeit können als natürliche Motivationselemente in den Lernalltag einfließen. Bei der Umsetzung offener Unterrichtsfor-

men war es mir wichtig, nicht vorgegebene Muster zu kopieren, sondern eigene Wege zu finden. Dennoch halte ich den Erfahrungsaustausch unter den Pädagogen für unbedingt notwendig, um wertvolle Hinweise, unter Beachtung der verschiedenen Voraussetzungen und Möglichkeiten eines jeden Lehrers und der ihm anvertrauten Kinder, für die eigene Arbeit verwenden zu können.

Zunächst entschied ich, die Unterrichtswoche in vier Arbeitsbereiche zu gliedern:

- *Gesprächskreise*
- *frontaler Unterricht*
- *Wochenplanarbeit*
- *Freiarbeit*

Die *Gesprächskreise* geben die Möglichkeit, daß die Kinder angstfrei von Erlebtem berichten können. Dabei fühlen sie sich wie beim „Pausengespräch". Als Lehrer nutze ich diese Zeit auch, um neuen Lernstoff einzuführen, besondere Schüleraufträge auszugeben bzw. auszuwerten, oder ich erprobe Lernangebote für die Freiarbeit. Die Anzahl der Kreise ist variabel, lediglich die Gesprächsrunden zum Einstieg und zur Auswertung der Woche haben einen festen Platz im Wochenstundenplan.

Den *frontalen Unterricht* nutzen wir zur Einführung, Festigung und Übung. Um diesen differenziert zu gestalten, können die Schüler je nach Leistungsvermögen die frontale Ar-

97

beitsgruppe verlassen und individuellen Angeboten der Freiarbeit nachgehen.

Bei der Arbeit mit dem *Wochenplan* lösen alle Kinder, am Lehrplan orientierte, Pflichtaufgaben. Die Wahl von Reihenfolge, Zeitpunkt und Lernpartner obliegt jedem einzelnen Schüler selbst. Der Arbeitsplan ist in Teilen auf das Kind abgestimmt. Der persönliche Auftrag soll helfen, zielgerichtet Schwächen abzubauen bzw. Begabungen zu fördern. Zur Kontrolle legen die Schülerinnen und Schüler ihre Hefte, Arbeitsblätter, Sammlungen u. ä. in einer Ablage ab. Der Lehrer kann dann in Ruhe zu Hause eine analytische Auswertung der Ergebnisse vornehmen.

Die *Freiarbeit* nutzen die Schülerinnen und Schüler, um individuellen Lernbedürfnissen nachzugehen. Die Kinder entscheiden, welche Lernangebote sie auswählen. Sie sammeln aber auch Erfahrungen und vertiefen ihre Kenntnisse aus Bereichen, die sie selbst in den Unterricht eingebracht haben.

Während der zwei letztgenannten Arbeitsphasen tritt der Lehrer oder die Lehrerin in seiner/ihrer „Führungsrolle" zurück. Er steht dem Schüler noch helfend und beratend zur Seite. Gleichzeitig hat er Gelegenheit, durch genaue Beobachtungen die Persönlichkeit des Lernenden näher kennenzulernen.

Neben den bisher beschriebenen Be-

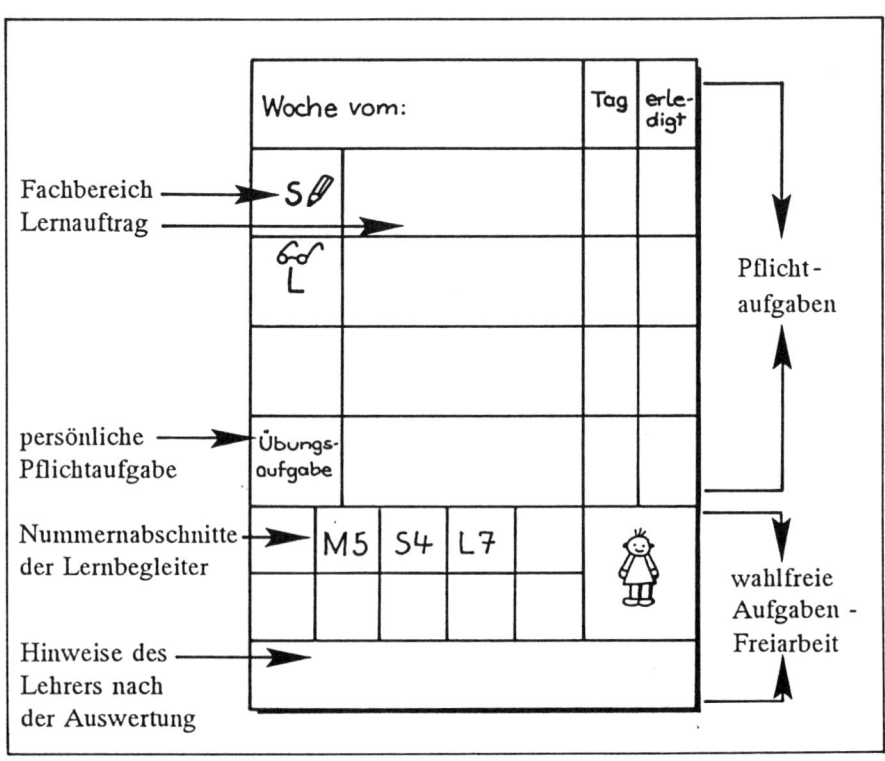

reichen planen wir zu bestimmten Schwerpunktthemen auch *Exkursionen* und *Projekte*.

Zu Beginn der Arbeit mit offenen Unterrichtsformen lernten die Kinder Regeln und organisatorische Abläufe kennen. Dazu gehören z. B.

• Suche dir in Ruhe eine Übung aus.
• Wähle Angebote aus verschiedenen Lernbereichen.
• Arbeite stets so leise, daß sich die anderen konzentrieren können.
• Wenn du Fragen hast, wende dich zuerst an deine Mitschüler, dann an den Lehrer.
• Hilf auch du, wem du helfen kannst.
• Führe begonnene Arbeiten vollständig aus.
• Wenn es möglich ist, kontrolliere deine Ergebnisse selbst, und verbessere sie bei Bedarf.
• Lege die vom Lehrer gestellten Pflichtaufgaben des Wochenplanes zur Auswertung in die dafür vorgesehene Ablage.

Die Kinder können diese Regeln natürlich so oder anders formulieren. Ein Beispiel von einer anderen Kollegin sieht so aus:

Regeln der Freiarbeit

1. Wir passen bei der Aufgabenstellung auf.
2. Wir helfen uns gegenseitig.
3. Wir teilen uns die Aufgaben und die Zeit ein.
4. Wir bewegen uns ruhig und langsam im Klassenraum.
5. Wir reden nur so laut, daß kein anderer gestört wird.
6. Jede angefangene Arbeit muß beendet werden.
7. Wir stellen das Material an seinen Platz zurück.

Der nächste Schritt war die Schaffung einer entsprechenden Lernumgebung. Die Kinder bauten aus leeren Eierbehältern eine Trennwand. Sie teilt eine stille Arbeits- und eine Leseecke vom allgemeinen Lernbereich ab. Offene Regale bieten Platz für die Lernangebote. Einen festen Standort haben der Ablagekasten für erledigte Arbeitsaufträge und die Karteien mit den „Lernbegleitern". Diese Lernbegleiter geben dem Schüler notwendige Informationen über die für die Freiarbeit vorhandenen Angebote. Aus fester Pappe, im A5-Format, sind sie verschiedenfarbig bezogen. Dadurch werden die unterschiedlichen Fachbereiche schon optisch angezeigt; z. B. für Lesen „gelb", für Rechnen „blau". Neben der Kartei mit den Lernbegleitern sind auch alle dazugehörigen Verpackungen der Angebote unter der entsprechenden Farbe und Nummer der Begleitkarte wiederzufinden. Die Informationskarte „begleitet" den Schüler zum Platz. Nach Erledigung der Aufgabe schneidet er einen Nummernabschnitt der Karte ab und klebt diesen zur Information an den Lehrer in seinen Wochenplan ein.

Bleibt zum Schluß die Frage nach den Lernangeboten für die Freiarbeit, die ich den Schülern zur Verfügung stelle. Da nur wenige Kinder in der Lage sind, bewußt Informationen und den dazu weiterführenden Erwerb von Kenntnissen in den Unterricht einzubringen, biete ich Lernspiele, Arbeitsaufgaben, Literatur, Sammlungen, Übersichten u. a. an.
Um von Anfang an genügend Material zu haben, empfiehlt sich zunächst der Einsatz von Arbeitsblättern. Im Verlauf der Zeit kommen dann selbst hergestellte Angebote hinzu. Diese ermöglichen dem Lehrer, zielgerichtet Übungsschwerpunkte, je nach Lehrplanforderungen und dem Entwicklungsstand der Kinder, einzubringen. Ich möchte solche Übungsbeispiele vorstellen, die beliebigen Lernstoff für alle Altersstufen und Fachbereiche aufnehmen. Bei deren Herstellung kommen vorwiegend „Abfallprodukte" zum Einsatz.

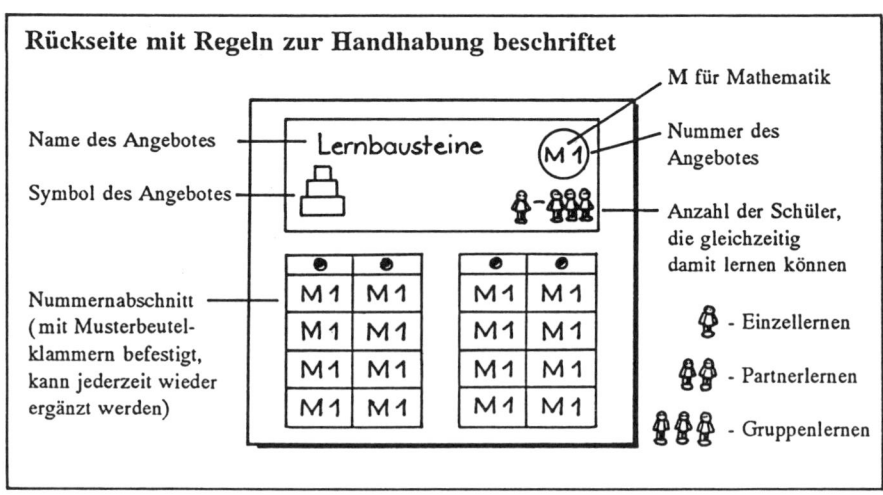

Rückseite mit Regeln zur Handhabung beschriftet

M für Mathematik

Name des Angebotes — Lernbausteine (M 1)

Nummer des Angebotes

Symbol des Angebotes —

Anzahl der Schüler, die gleichzeitig damit lernen können

Nummernabschnitt (mit Musterbeutelklammern befestigt, kann jederzeit wieder ergänzt werden)

M 1	M 1	M 1	M 1
M 1	M 1	M 1	M 1
M 1	M 1	M 1	M 1
M 1	M 1	M 1	M 1

- Einzellernen

- Partnerlernen

- Gruppenlernen

100

1. Lernschachteln

Der Schiebeteil einer leeren Streichholzschachtel wird mit einer Aufgabe gefüllt, die Unterseite mit der Lösung beschriftet.

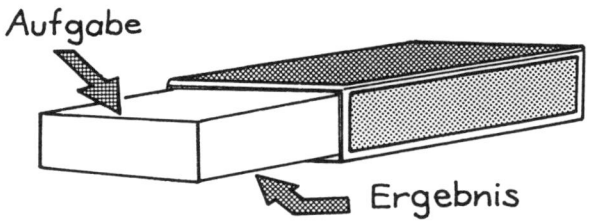

Anwendungsbeispiele:

Sachkunde	Abbildungen von Pflanzen, Tieren... benennen	
Lesen	Aufgaben erlesen und ausführen, z. B.: Hüpfe wie ein...	
Rechtschreiben	fehlende Buchstaben einsetzen	die Stra__e (ß) der Wal__ (d)
Mathematik	Umwandlungsaufgaben lösen	1000 g = ? kg
Ausdruck	Verkehrszeichen einem Partner beschreiben, dieser soll es benennen	Das Zeichen hat...

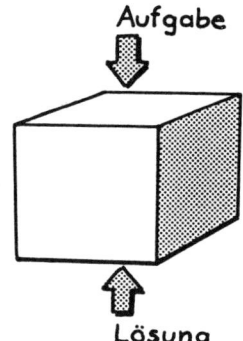

2. Lernbausteine

Die Oberseite von Holzbausteinen wird mit Aufgaben beschriftet, die gegenüberliegende Seite erhält die Lösungen.

Wer schafft es, den höchsten Turm mit den richtig gelösten Steinen zu bauen?

Aufgabe

Lösung

Anwendungsbeispiele:

Mathematik

    Uhrzeiten benennen

6.06 Uhr

Sachkunde

    gesunde Ernährung

 Apfel Torte

Lesen

    „Wer bin ich" —
    Tiere erraten

Jch habe zwei Lange Beine, einen roten Schnabel...

Storch

Ausdruck

    treffende Begriffe finden

groß wie ein Riese

riesengroß

Rechtschreiben

    Groß- und Kleinschreibung

K, k
_älte

Kälte

3. Lernleiste

Ein eingeschnittenes Polystyrolstück dient zur Aufnahme von Aufgabenkarten.
Die Vorderseite der Karte enthält die Aufträge, die Rückseite die Lösung.
Nach dem Lösen wird die Karte zum Kontrollieren gewendet.

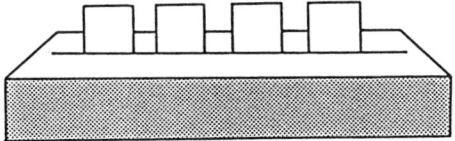

Anwendungsbeispiele:

Mathematik

    Aufgaben zur Anwendung
mathematischer Begriffe

Addiere zur Zahl 35 die Zahl 52!

Errechne das Doppelte von 33!

Rechtschreiben

    Wörter zu vorgegebenen
Bildern schreiben

Vorderseite   Rückseite   . . .

Ausdruck

    Eine Bildgeschichte nach
selbstgewählter Reihenfolge
in die Leiste stecken und
mündlich oder schriftlich
dazu erzählen

Sachkunde

    Ablesen der Temperatur

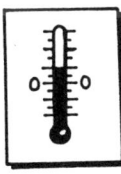 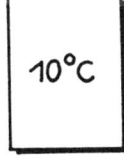

Vorderseite   Rückseite   . . .

Lesen

    Wörter in Spiegelschrift
erlesen

Vorderseite   Rückseite   . . .

4. Klammerkarten

Nach dem Ja/nein-Lösungsprinzip werden Aufgaben „angeklammert".
Die Rückseite der Lernkarte zeigt, ob die Klammern an der richtigen Stelle stecken.

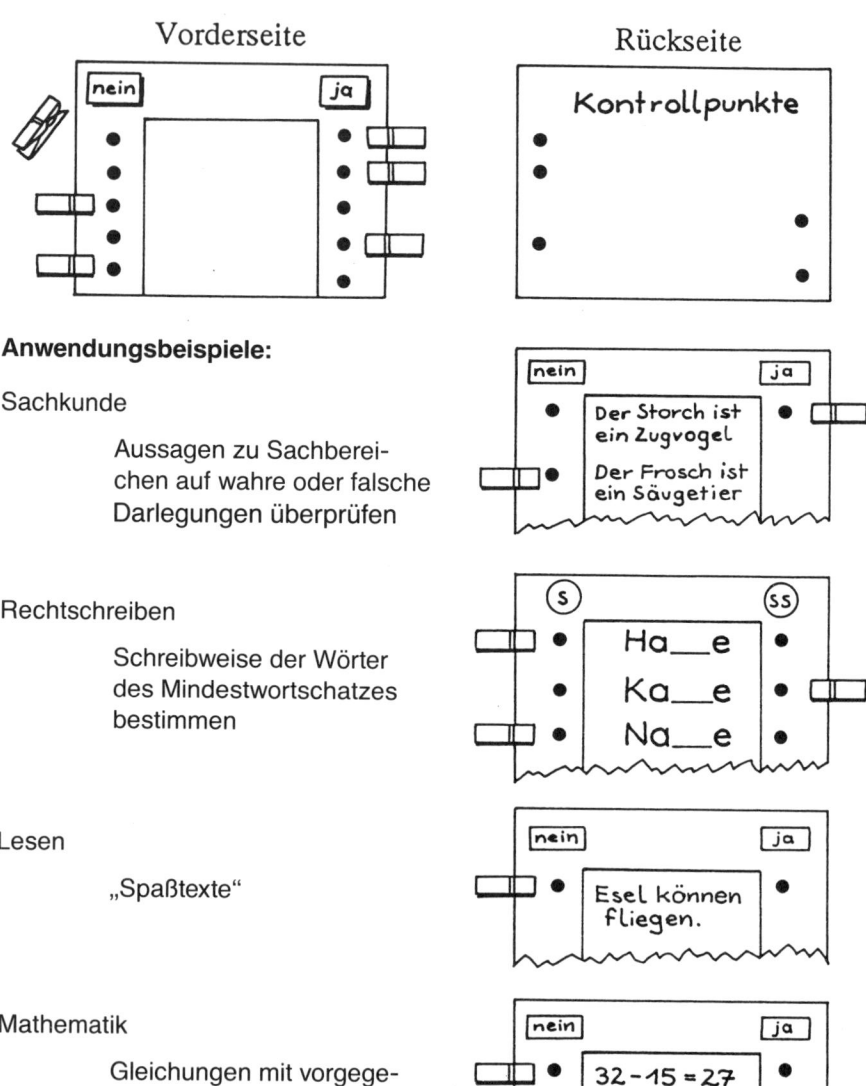

Anwendungsbeispiele:

Sachkunde

    Aussagen zu Sachbereichen auf wahre oder falsche Darlegungen überprüfen

Rechtschreiben

    Schreibweise der Wörter des Mindestwortschatzes bestimmen

Lesen

    „Spaßtexte"

Mathematik

    Gleichungen mit vorgegebenen Lösungen überprüfen

104

5. Lernpost

Benötigt werden zwei Bildpostkarten mit gleichem Motiv. Eine davon wird mit Aufgaben beschriftet und dann mit selbstklebender Klarsichtfolie bezogen. Die Aufträge werden mit wasserlöslichem Folienstift gelöst. Zur Kontrolle wird die Partnerkarte geholt.

Rückseite der Bildpostkarte mit Aufgaben beschriften.

2. Bildpostkarte wird mit der Lösung beschriftet.

Anwendungsbeispiele:

Sachkunde

Teile der Pflanzen benennen

Teile des Baumes

Ausdruck

Abschnitte eines vorgegebenen Textes ordnen

Lesen

Rätsel lösen

Rechtschreiben

einen Lückentext vervollständigen

Mathematik

Textaufgaben lösen

6. Lernrolle

Über eine Papprolle werden zwei Kartonstreifen so geklebt, daß sich beide Streifen um die Rolle drehen lassen.
Linker und rechter Kartonstreifen müssen so lange gedreht werden, bis die zu erlesende Information einen Sinn ergibt. (Als Papprollen eignen sich die Restrollen von Auslegware.)

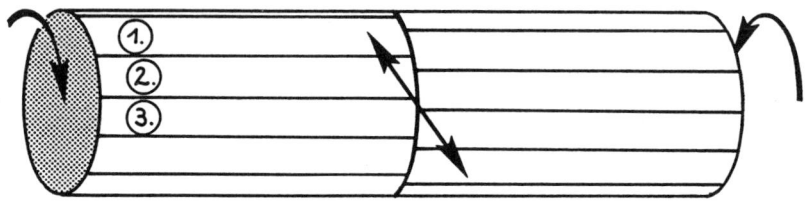

Anwendungsbeispiele:

Sachkunde

    Sachinformationen erkennen

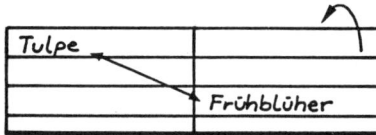

Tulpe	
	Frühblüher

Ausdruck

    Zeitformen richtig anwenden

Gestern	werde ich
Morgen	sah ich

Rechtschreiben

    zusammengesetzte Verbformen bilden

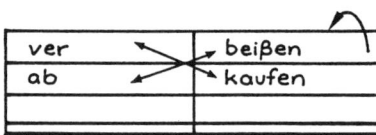

ver	beißen
ab	kaufen

Lesen

    Eine Geschichte erlesen und aus dem Textinhalt Fragen beantworten

Jn der	Schule
Was malen	die Kinder?
Jn der	Schneemann...
Nun ist der	Zeichenstunde...

Mathematik

    Gleichungen mit derselben Lösung finden

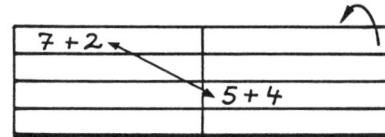

7 + 2	
	5 + 4

westermann

7. Lernmemory

Nach dem Memoryprinzip gibt das Bildpaar an, ob Aufgaben- und Lösungs-
karte zusammengehören.

Aufgabe   Lösung

Anwendungsbeispiele:

Mathematik

    Knobelaufgaben

Was ist schwerer? 1kg Federn oder 1kg Eisen?	1kg = 1kg, beide gleich schwer.

Lesen

    Wörter bilden

eine Schlange, die klappert	Klapper- schlange

Rechtschreiben

    gebeugte Verbformen der
    Nennform unregelmäßigen
    Verben zuordnen

haben	er hat

Sachkunde

    Baumarten bestimmen

	Eiche

Ausdruck

    richtiger Gebrauch von
    Adjektiven beim Beschreiben

Jens trinkt schnell. Er trinkt ...	hastig

8. Wendekarten

Benötigt wird ein Fotoalbum für Einsteckbilder. In die Fotofächer kommen Aufgabenkarten. Erforderliche Kontrollergebnisse werden durch das Umklappen der Fächer sichtbar.

Anwendungsbeispiele:

Sachkunde

Obst- und Gemüsesorten benennen

Lesen

Comic-Geschichten

Rechtschreiben

Schreiben gebeugter
Verbformen

```
        nehmen
Ralf n............den Ball.
Gabi n............ das Seil.
. . .
```

Ausdruck

einen falschen Begriff aus
einer Sinnfamilie erkennen

```
    fliegen
    segeln
    springen
    schweben
```

9. „Lerneier"

Leere Behälter von Überraschungseiern enthalten Lernaufträge. Zur Kontrolle wird ein Lösungsblatt angeboten.

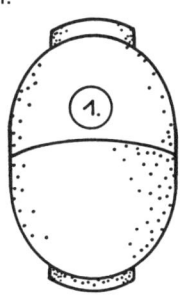
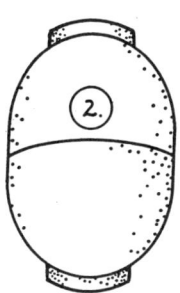

Anwendungsbeispiele:

Sachkunde

    Jahr/Monate/Woche

> Welche Monate (1.) gehören zum Frühling?

Ausdruck

    Stimmen der Tiere

> Löwen (1.)
> ....
> (brüllen, schreien)

Rechtschreiben

    zusammengesetzte Substantive

> ❀ Blumen (1.)
> +
> Topf

Lesen

    Märchenrätsel

> Wer ließ das (1.) Haar vom Turm herunter?

Mathematik

    Erkennen geometrischer
    Formen

> (1.)

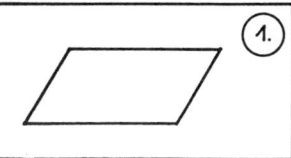

10. „Lernfische"

Fische aus festem Karton werden wechselseitig mit Aufgaben und Lösungen beschriftet. Zum Angeln wird eine Büroklammer aus Metall an den Schwanz gesteckt.

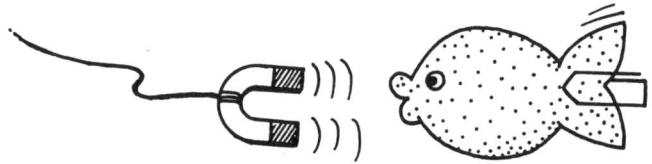

Anwendungsbeispiele:

Mathematik

    Gleichungen

Ausdruck

    Gegensätze nennen

Lesen

    „Geheimschrift"

Rechtschreiben

    Wortarten erkennen

Sachkunde

    Spuren von Tieren

westermann

Alle Materialien ermöglichen den Schülern, sich selbst zu kontrollieren und dadurch auch zu verbessern.

Neben dieser Sammlung stehen auch Angebote ohne direkte Selbstkontrollmöglichkeiten. Dazu gehören z. B.

- Arbeitsblätter in Klarsichthüllen, die mit Folienstift gelöst werden,
- Karteien mit Informationsmaterial zu verschiedenen Fachbereichen,
- Knobel- und Rätselhefte,
- Unterhaltungsspiele zur Wissensvermittlung,
- Würfelspiele mit Ereigniskarten,
- Bildsammlungen und Übersichten,
- Bücher/Zeitschriften zum Nachschlagen,
- Kassetten, Musikinstrumente,
- Briefkasten,
- Tastkiste zum Ertasten von Gegenständen u. a.

Zum Schluß meiner Darlegungen möchte ich Aussagen meiner Schülerinnen und Schüler zum „offenen Unterricht" wiedergeben:

- „Ich finde es gut, daß ich mit meinem Freund lernen kann."
- „Ich brauche nicht so lange still sitzen, bis die anderen fertig sind. Ich kann mir schon eine neue Aufgabe aussuchen."
- „Es sind so schöne Sachen zum Lernen da."

Diese Schülermeinungen und ein interessantes Unterrichtsleben sind mir Lohn für das etwas „Mehr" an Arbeit.

Fotonachweis:
Christine Albert: S. 34, 35, 43, 56
Michael Bahns: S. 37, 50
Maren Böddener: S. 26, 29
Herbert Hagstedt: S. 44
Veit Mette: S. 68
Maria Otte: S. 47
Lutz Pape: Titelbild, S. 10, 16
Herbert Zensen: S. 64

Grafik:
Elke Petersen: S. 18, 19, 20, 21, 22, 32, 40, 98−110
PRAXIS GRUNDSCHULE H. 2/1989: S. 80−96